BEITRÄGE
ZUR LITERATURTHEORIE
UND WISSENSPOETIK

Herausgegeben von
ANNETTE SIMONIS
LINDA SIMONIS
MARKUS WINKLER

Band 11

EUGENIO SPEDICATO

Radikal fremd

Gestalten des irreduziblen Andersseins in
deutschsprachiger Gegenwartsliteratur

Universitätsverlag
WINTER
Heidelberg

Bibliografische Information der Deutschen Nationalbibliothek

Die Deutsche Nationalbibliothek verzeichnet diese Publikation
in der Deutschen Nationalbibliografie;
detaillierte bibliografische Daten sind im Internet
über *http://dnb.d-nb.de* abrufbar.

Gedruckt mit Unterstützung der Universität Pavia

ISBN 978-3-8253-6841-8

© 2018 Universitätsverlag Winter GmbH Heidelberg
Imprimé en Allemagne · Printed in Germany
Druck: Memminger MedienCentrum, 87700 Memmingen

Gedruckt auf umweltfreundlichem, chlorfrei gebleichtem
und alterungsbeständigem Papier.

Den Verlag erreichen Sie im Internet unter:
www.winter-verlag.de

Inhalt

„Über das Ausmaß eigener Gestörtheit lebt der Mensch
normalerweise stark im Dunklen."

Rainald Goetz: *Johann Holtrop. Abriss der Gesellschaft*

1 „Radikale Fremdheit"

Der Gedanke eines planetarisch umfassenden Dialogs, mit dessen Hilfe Brücken der Verständigung und der Versöhnung gebaut werden sollten, die allerdings kaum wirklich solide und dauerhaft sein können, gehört zu den Illusionen des gegenwärtigen, stets nach Selbsttrost und falschem Optimismus suchenden Totalitätsdenkens. Eine vorherrschende Distanz- und Kampfhaltung in mehreren Lebensbereichen ist im Gegensatz dazu überall zu verspüren.

Dass kompensatorische Zwischenlösungen dazu geeignet wären, Barrieren der Distanz und des Fremdseins zu überwinden sowie radikale Kontingenz des Geschehens zu exorzieren, erscheint immer mehr als eine verbrauchte Narration. Glücksinseln, auf denen erfolgreiche Kommunikation zustande kommt, die gibt es natürlich in Hülle und Fülle. Selbstvergnügte Kompromissbereitschaft ist nicht nur prinzipiell immer möglich, sie stellt sogar einen recht häufigen Fall dar. Und doch ist das Aneinandervorbeireden früher oder später die dominante Erfahrung, die sehr viele Menschen machen. Die Sprache verkommt allzu oft zu leerem Gerede oder sie ist mit derartigen Hypotheken belastet, dass von vornherein der Weg in die Sackgasse vorauszusehen ist. Die Insuffizienz der verbalen Kommunikation an sich und die mangelnde Bereitschaft, in dialektischer Auseinandersetzung mit dem jeweiligen Dialogpartner Vorurteile oder fragwürdige Ansichten aufzugeben, sind ein typisches Phänomen unseres Alltags. Die chronische Sprachkrise ist ein deutlicher Hinweis auf das Brüchige aller Menschenbeziehungen.

Bedrohung und Ausgesetztheit, verdeckte oder offene Gewaltbereitschaft sind immer wieder prägende Erfahrungen. Sogar beide Gewaltmuster ‚Ghetto' und ‚Konzentrationslager' als besonders schädliche Formen der Bedrohung und Gewaltanwendung sind nach wie vor brennend aktuell. Marginalisierung oder noch schlimmer verachtende Ghettoisierung ist eine vertraute Praxis der heutigen Welt in verschiedenen Bereichen, sie ist prinzipiell die Vorstufe zu schlimmeren Formen der Ausgrenzung und Verfolgung. Sich dagegen zur Wehr zu setzen ist nicht immer möglich oder ratsam, manchmal muss man sich schleichende oder offene Verachtung gefallen lassen.

Ist „das Zeitalter der Fische", um an einen bekannten Ausdruck zu erinnern, überholt? Das Gegenteil ist wahr: Aus allen Schlupflöchern der Anonymität lugen die Fratzen des Hasses und der Hetze hervor. Voyeurismus angesichts der Gewalt grassiert in allen Ecken. Falsche Wahrheitsfanatiker, die überall großen Beifall ernten, geben den Ton an. Beschimpfungen, Schwindeleien und schmutzige Deals beherrschen die Szene. Hinter gepolsterten Türen werden smarte und profitable Verbrechen gegen Wehrlose kaltblütig geplant und durchgesetzt. Es trifft immer noch zu: Das „Phantasma der totalen Herrschaft des KAPITALS über den Menschen"[1] ist mit seiner furchtbaren Präsenz überall wiederzuerkennen. Der Schreibtischtäter ist eine typische Erscheinung des postmodernen Zeitalters und die *white-collar criminals* sind seine Erben.

Diese und noch viel schlimmere Charakterzüge bietet das Profil der Gegenwart. Genie und Talent scheinen nicht selten mit Grausamkeit, Heimat- und Vaterlandsliebe mit Borniertheit, Fremdenfeindlichkeit mit blanker Aggressivität verbunden. Man setzt in humanistisch gesonnenen Kreisen darauf, Opfer als solche viktimologisch zu verbrämen, als wären sie die moralisch bessere Menschheit. Aber es zeigt sich mit der Zeit immer häufiger der Fall, dass auch Opfer an der allgemeinen Schuldverstrickung teilhaben, da der Opferstatus grundsätzlich keine Garantie für höhere Menschlichkeit ist, wie Edgar Hilsenrath in seinem Roman *Nacht* (1954) literarisch-darstellerisch bewiesen hat. Nirgendwo wird an Aggressivität gespart. Belächeln und Herabwürdigen sind beliebte Tätigkeiten, deren Zweck darin zu bestehen scheint, das eigene als stets in Gefahr empfundene Machtgefühl, die eigene als stets im Wanken begriffene Superiorität zu stärken. Kein Wunder, wenn auf der internationalen Weltbühne auf verdeckte oder offenkundige Weise nach wie vor der Kalte Krieg herrscht. Die Gegenwart ist jenseits aller Illusionen immer noch das Zeitalter des Kalten Kriegs und die nähere Zukunft verspricht nichts Besseres.

Vielleicht wird man sich über diese ‚bizarr verschrobene' Skizze lustig machen, aber das wird kaum etwas am Wahrheitsgehalt dieses Allgemeinbildes ändern. Mögen sich die existentiellen Grundbedingungen des alltäglichen Lebens immer weiter verbessern, mag die Herzensgüte vieler Individuen immer mehr zunehmen, was ja auch stark zu bezweifeln ist, bleiben jedenfalls der Bankrott der Gesinnungen und Gefühle sowie die Verflechtung von edlen Parolen und feindseliger Machtbegierde intakt, wie in verschlüsselter Form Friedrich Dürrenmatts Tragikomödie *Der Besuch der alten Dame* bereits 1956 illustriert hat. Nach wie vor infiziert eine gewisse, weit verbreitete Verhaltensattitüde alles Reden mit propagandistischen Intentionen, die jedes gutgemeinte Wort verzerren, jeden rechtschaffenen Impuls anschwärzen, jede menschliche Regung in den Dreck ziehen.

Was ist mit „radikaler Fremdheit" gemeint? „Die kann es nicht geben, nur der Begriff einer relativen Fremdheit darf unserer kritischen Intelligenz zugemutet werden", so wird man vielleicht einwenden. Aber wie soll dann eine Existenzmodalität beschrieben werden, die sich mit allen Anzeichen des Irreduziblen ankündigt? Vorausgesetzt wird in dem Begriff einer „radikalen Fremdheit" die starke Präsenz von *Individualität*, und zwar gegen sämtliche, immer lauter werdende Stimmen, die in jüngerer Zeit vor allem aus postmoderner und poststruktu-

---

[1] Rainald Goetz: *Johann Holtrop. Abriss der Gesellschaft. Roman.* Berlin: Suhrkamp, 2012, S. 11.

ralistischer Richtung eine völlige Abkehr von Individualität fordern, als sei sie illusionär. An die Stelle von Person und Identität solle das „postmoderne Selbst" treten, das sich als eine in sich fragmentierte, polyphone, sich fraktal und kontingent stets verändernde Ich-Buntheit präsentiere und mit der allgemeinen Zersplitterung zu leben gelernt habe.[2] Diese These stimmt ja auch. Was nicht stimmt, ist die *petitio principii*, der zufolge Individualität verschwunden sei. Beides gibt es: Das fraktale Selbst und die widerspenstige Individualität. Sie sind zwei Möglichkeiten in der Persönlichkeitsstruktur eines jeden Zeitgenossen. Gegen das postmoderne Selbst und seinen prätentiösen Willen nach Anpassung und Anerkennung wird hier zum Vorteil der Individualität eben „radikale Fremdheit" gesetzt, und zwar mit noch größerer Emphase als bei Bernhard Waldenfels, der als Erster „radikale Fremdheit" als Grenzland jenseits der Andersheit umrissen hat. Man fühlt sich radikal fremd, man begibt sich selbständig in „radikale Fremdheit" oder man wird in „radikale Fremdheit" gedrängt. Deshalb wäre es an der Zeit, „radikale Fremdheit" als Existenzform ernst zu nehmen, und zwar als eine solche, die nicht mit Andersheit zu verwechseln ist, da sie voraussetzt, dass das Subjekt nicht Herr seiner selbst und auf gewisse Weise in Permanenz außer sich selbst ist, ferner dass es gleichermaßen weder dem Zwang zur Versöhnung noch Feindseligkeiten nachgeben will und selbst Anfeindung als Maßnahme des Selbstschutzes billigt.

Ist mittels dieser Begriffsskizze „radikale Fremdheit" ausreichend beschrieben worden? Wohl kaum. Eine stringente Definition wird hier letztlich nicht angestrebt, die Konturen des Begriffs sollen fließend bleiben. Radikale Fremdheit (von nun an ohne Anführungszeichen) ist niemals ‚normal‘, sie entspringt entweder einem depressiven oder einem exaltierten Zustand der Psyche, nicht selten schwankt sie zwischen beiden Extremen. Wenn die Selbstwahrnehmung in Richtung ‚Opfer‘ geht, dann nähert sich radikale Fremdheit dem Bereich der regressiven Selbstisolation, der Misanthropie, der Selbstviktimisierung; wenn sie in Richtung „Täter" geht, dann nähert sie sich dem Bereich der Egomanie, des übersteigerten Egozentrismus, ja sogar des Verbrecherischen, und zwar von der gedanklichen Voraussetzung ausgehend, dass Kampf und Krieg den Weltlauf prägen und dass man sich diesem Gesetz des sozialen Lebens und der menschlichen Zwischenbeziehungen unterwerfen muss. Radikale Fremdheit ist an erster Stelle ein inneres Erlebnis und muss nicht unbedingt auch eine soziale Angelegenheit sein; der radikal Fremde braucht kein ausgegrenzter Mensch zu sein und muss nicht unbedingt am Rande der Gesellschaft leben. Selbstabkapselung ist jedenfalls immer vorhanden, reell oder imaginär; sie ist das wichtigste Symptom

---

[2]   Vgl. Jürgen Straub: „Personale Identität und Autonomie. Eine moderne Subjekttheorie und das ‚Postmoderne Selbst‘". In: Klaus-Peter Köpping/Michael Welker/Reiner Wiehl (Hgg.): *Die autonome Person – eine europäische Erfindung?* München: Fink, 2002, S. 255-272.

dieses Phänomens. Radikale Fremdheit wäre auch in einem Individuum möglich, das ein erfolgreiches Leben genießt und sich vom Glaubenssatz leiten lässt, dass das Gesetz des Weltlaufs, nämlich Krieg, verinnerlicht werden muss, um Erfolg zu haben.

Was wird nun also in vorliegendem Buch betrieben? Eine billige Psychologisierung – so wird man vielleicht protestieren. Zugegeben: Die Gefahr besteht und man wird sich hier dieser Gefahr bewusst aussetzen. Gedankengänge wie diejenigen, die in diesem Buch enthalten sind, sind Ergebnis zugleich der Wirklichkeitsbeobachtung und der Rückprojizierung literarischer Phänomene auf das Leben, weil in der vorliegenden Studie die Auffassung vertreten wird, dass Literatur häufig genug einen zeitdiagnostischen Charakter hat und auf visionäre Weise auf Krankheitssymptome weist, ohne Heiltherapien vorschlagen zu dürfen.

Im Folgenden seien sieben literarische Texte als Zeugen angeführt. Sie sind sehr unterschiedlich. Und doch leuchten sie jeweils Einzelaspekte von radikaler Fremdheit aus. Alle zusammen bilden sie eine heterogene Landschaft. Und doch liefern sie alle zusammen ein Profil, das Profil des radikal Fremden. Hier eine Kurzbeschreibung der sieben in Betracht gezogenen Texte aus der Perspektive des vorliegenden Buches:

Das Kalkwerk (Thomas Bernhard) = radikale Fremdheit als regressive und depressive Selbstabschottung, als wahnsinnsähnliche, pseudogeniale Exaltation mittels Wissenschaft, als destruktiver Schub in der Persönlichkeit, als sadistische Neurose.

Lefeu oder Der Abbruch (Jean Améry) = radikale Fremdheit als regressive und depressive Selbstabschottung, als Revolte gegen den Weltlauf, als Selbstexaltation mittels einer subjektiven, ästhetisch geprägten Weltwahrnehmung, als Ressentiment und Einsicht in die eigene Unzeitgemäßheit.

Die Walsche (Joseph Zoderer) = radikale Fremdheit als innere Deplatzierung und/oder als Ausgegrenztheit ohne Regression oder Selbstbemitleidung, als Antrieb für Selbstschutz gegenüber einer Welt, die nach der binären Logik Freund/Feind funktioniert.

Der Winterkrieg in Tibet (Friedrich Dürrenmatt) = radikale Fremdheit als Selbstabschottung im Zeitalter des immerwährenden Kalten Kriegs, als Epos des Einzelkämpfers gegen eine Welt von Feinden, als einsamer Erkenntnisakt, der den Selbstzerstörungstrieb in der Menschheit erkunden will.

Der See (Gerhard Roth) = radikale Fremdheit als Ausgesetztheit, bedingt durch Vereinsamung und psychische Labilität, einer Welt gegenüber, die als grundsätzlich kriminell und deshalb als permanent bedrohlich erlebt wird, die aber eben deswegen zum Widerstand aufruft.

Faserland (Christian Kracht) = radikale Fremdheit als regressive und depressive Distanzhaltung, als innere Vereinsamung, als dandyhafte Selbstbezüglichkeit und Unterkühltheit, als Arroganz und Narzissmus eines scheinbar Integrierten, der in seiner Welt von Symbolen und Ikonen vegetiert.

Johann Holtrop (Rainald Goetz) = radikale Fremdheit als generalisierte Erzählhaltung gegenüber einer durch maßlose Verachtung und skrupellose Überrumpelung charakterisierten Wirtschaftswelt, in der narzisstische Selbstisolation, aggressiver, mörderischer Lebensstil, egomanische Selbstbezüglichkeit als prägend dargestellt werden.

Fremdheit ist „eine Wunde, die nicht völlig vernarbt"[3], schreibt Bernhard Waldenfels. Dieser Gedanke verdient es, als produktive Metapher weitergeführt zu werden. Eine nicht völlig vernarbende Wunde ist eine Verletzung, die verheilt und doch immer wieder anfängt zu bluten, ohne dass eine vollständige Verheilung erreicht werden kann. Diese nicht verheilen wollende Wunde ist nicht die der gewöhnlichen Fremdheit, wie Waldenfels schreibt, sondern die der radikalen Fremdheit als einer extremen Variante des Phänomens. Letztere ist keine Alterität, die durch Aneignung oder Inklusion inkorporiert werden kann. Radikale Fremdheit lässt sich weder philosophisch entschärfen noch literarisch durch Interkulturalität erträglich machen und auch nicht durch geschickte Zwischenlösungen domestizieren. Die „Radikalität des Fremden"[4] richtet sich gegen die Möglichkeit sämtlicher Verflechtungschancen und braucht mithin keinen Berechtigungsnachweis, sie ist einfach da, nicht viel anders als der Selbsterhaltungstrieb oder das Glücksstreben. Radikalität des Fremden besagt, meint Waldenfels, der die Weichen für die hier gebrauchte Begriffsvariante gestellt hat, „daß es weder aus Eigenem hergeleitet noch ins Allgemeine aufgehoben werden kann. Als etwas, das sich entzieht, ist das Fremde nicht nur ein Hyperphänomen, sondern auch ein Urphänomen"[5]. Tatsächlich ist Radikalität des Fremden eine originäre Erfahrung, ein „Urphänomen" im Sinne Walter Benjamins; sie ist jedoch nichts Abstraktes, weil sie der leidenden Erfahrung der empirischen Lebensbefindlichkeit entspringt. Der Austausch mit der Welt ist dabei grundsätzlich gestört: Darin liegt eben ihre Eigentümlichkeit. Es handelt sich nicht um vorübergehende Störungen, die behoben werden können. Selbstbezüglichkeit an sich ist ein Doppelboden, auf dem man nicht stehen kann, ohne das Gleichgewicht

---

[3] Bernhard Waldenfels: *Topografie des Fremden. Studien zur Phänomenologie des Fremden I.* Frankfurt a.M.: Suhrkamp, 1997, S. 42.

[4] Bernhard Waldenfels: *Grundmotive einer Phänomenologie des Fremden.* Frankfurt a.M.: Suhrkamp, 2006, S. 57.

[5] Ebd.

ständig zu verlieren; sie ist wie ein besonders scharfes Messer, an dessen Klinge das Individuum sich zu jeder Zeit verletzen kann.

Selbstbezüglichkeit bedeutet Selbstgefangenschaft und daher kann sie den radikal Fremden ins Fleisch schneiden, wie die hier ausgewählten literarischen Texte aufzeigen. Es mag für jeden verlockend sein, in eine sublime Art von Selbstaffektion, in einen Narzissmus der eigenen Verletzlichkeit zu flüchten. Aber dieser Scheinausweg verschlimmert nur die *Conditio* der radikalen Fremdheit. Der Körper macht in der Regel nicht mit und löst psychosomatische Störungen (wie etwa in Krachts *Faserland*) aus. Man ist letztlich unkontrollierbaren Gegebenheiten und den eigenen Neurosen (wie in Roths *Der See*) unterworfen. Diese Symptomatik beweist allenfalls, dass die Dimension des Individuellen mit all ihren krankhaften Erscheinungen sich trotz postmoderner Auflösungserscheinungen nicht verflüchtigt hat. Der Drang zum Einzelgängertum und der Kampfwille gegen die Verschwörung der Tatsachen ist ein weiterer Beweis für die Lebendigkeit der Individualität. Die Subjektivität als transindividuelle Allgemeinheit bzw. als traditionelles Erkenntnisorgan der Bewusstseinsphilosophie ist längst überholt. Dasselbe kann von der Individualität nicht behauptet werden. Manfred Franks Begriff der „unhintergehbaren Individualität"[6] mitten im Zeitalter des postmodernen Selbst gab in Anlehnung an Schleiermachers Hermeneutik der Unverwechselbarkeit des Einzelnen ihre ontologische Würde zurück, die von jedem reflektierenden, egologischen Universalitätsanspruch ausgenommen bleibt und aus dem Allgemeinen nicht bruchlos deduziert werden kann. Individualität ist kein Dedukt, sondern vielmehr Wahrnehmung der Unzugänglichkeit und Bedürfnis nach Unzugänglichkeit, sie ist die Raum- und Zeiterfahrung der Unverfügbarkeit entgegen allen Vorstellungen einer unvermeidlichen Auflösung im Meer der pluralen Ichheit und des Allseitsdialogs.

Die Vorstellung des radikal fremden Menschen erinnert an Dürrenmatts Bild des *mutigen Menschen*, der im Paradoxen versinkt und trotzdem nie müde wird, nach Halt zu suchen, etwa wie eine Spinne, die sich ihr geometrisches Netz im Leeren baut. Die Bedeutung des Ganzen existiert nirgendwo anders als im Bewusstsein der Individuen, die das Universelle auf je eigentümliche Weise verinnerlichen und durch ihre Taten ans Allgemeine rückentäußern. Der Prozess des Rückentäußerns geschieht nicht, wie oben angedeutet, ohne Schmerzen und Verkrampfungen. Individualität kann über die Gespaltenheit zwischen Identität und Nicht-Identität nicht hinaus. Schwellenerfahrungen zwischen Identität und Nicht-Identität, hartes Sich-Abgrenzen gegenüber der Nicht-Identität, Suche nach Abweichung bis zur megalomanischen Selbstbezüglichkeit sind stets mögliche Spielarten und wohl akute Krankheitserscheinungen der Selbstaussonderung angesichts allgegenwärtiger Kampfhaltung und Manipulation. Sich davon abgren-

---

[6] Manfred Frank: *Die Unhintergehbarkeit von Individualität*. Frankfurt a.M.: Suhrkamp, 1986.

zen zu wollen ist nach wie vor eine Art Pflicht des Individuums, das Risiko des Konformismus ist zu groß; die Kehrseite der Medaille ist jedoch die Vergötzung der Individualität. Irrationale Selbstaufblähung: Goetz' Roman *Johann Holtrop* bietet ein Modellbild diesbezüglich. An Zuwachs der Persönlichkeitsreife ist jedenfalls nicht zu denken. Radikale Fremdheit ist deshalb der zentrale Erfahrungsmodus der Kontingenz-Epoche. Sie entwickelt sich nicht unbedingt zur postmodernen Indifferenz, wie man vermuten könnte. Man ist weder Feind noch Freund und auch nicht Gast, sondern ein feindseliger Dandy (wie in Krachts *Faserland*), weltfremd auf sich zurückbezogen und der Gefahr der Geisteserlahmung (wie in Roths *Der See*) ausgesetzt. Wo radikale Kontingenz ist, dort ist auch radikale Fremdheit. Und diese radikale Fremdheit als nicht vernarben wollende Wunde kann ein Antrieb zur eigenen Rettung (wie in Zoderers *Die Walsche*) oder zu einer generalisierten Protesthaltung (wie in Goetz' *Johann Holtrop*) sein, meistens allerdings beschleunigt sie (wie in Bernhards *Das Kalkwerk* oder in Amérys *Lefeu oder Der Abbruch*) die Selbstaffizierung bis zur möglichen oder gar unvermeidlichen Selbstzerstörung.

Es gilt als allgemeines Orientierungskriterium der vorliegenden Studien, was Waldenfels bei seinem Versuch, radikale Fremdheit zu erfassen, geschrieben hat: „Als *radikal* bezeichne ich eine Fremdheit, die weder auf Eigenes zurückgeführt, noch einem Ganzen eingeordnet werden kann, die also in diesem Sinne irreduzibel ist."[7] Die zweite im Zitat enthaltene Bedingung ist fundiert und ist gleichbedeutend mit der typischen Unverfügbarkeit des radikalen Fremdseins. Die Relation zum Eigenen (die erste Bedingung im Zitat) bleibt jedoch bestehen und manchmal verstärkt sie sich sogar bis zum Grad eines trotzigen Verharrens auf der eigenen Einzigartigkeit, die es natürlich gar nicht gibt, in dem Sinne also, dass kompromisslose Eigenheit und radikale Fremdheit sogar übereinstimmen. „Eine solch radikale Fremdheit setzt voraus, daß das sogenannte Subjekt nicht Herr seiner selbst ist und daß jede Ordnung, die ‚es gibt' und die immer auch anders sein könnte, sich in Grenzen hält".[8] Man ist trotz radikal verteidigter Eigenheit tatsächlich nicht Herr im Hause; Ausgeglichenheit und Körperruhe bleiben in weiter Ferne oder werden überhaupt nicht angestrebt. Und doch laufen Verfremdung und Verselbstung aufs Gleiche hinaus, nämlich auf eine narzisstische Verzweiflung, die sich wie im Kreise dreht und überall nur Bedrohung wittert.

„Fremdheit in ihrer radikalen Form besagt, daß das Selbst auf gewisse Weise *außer sich selbst* ist und daß jede Ordnung von Schatten des *Außer-ordentlichen* umgeben ist."[9] Ein emotioneller und zugleich geistiger Zustand des durch die „Schatten des Außerordentlichen" Bedrohtwerdens ist dabei konstitutiv, wie es etwa bei Kleist, Kafka oder Dürrenmatt immer wieder der Fall ist. Das Spektrum

---

[7] Waldenfels: *Grundmotive einer Phänomenologie des Fremden*, S. 116.
[8] Ebd.
[9] Ebd.

der Reaktionen der Individualität gegenüber den eigenen Vorstellungen von Bedrohung reicht von der nüchternen Einsicht in eine unverbrüchliche Treue gegenüber sich selbst über den Zustand eines Schwebens zwischen Vertrautheit und Selbstbetrug bis zur akuten Veruntreuung des Selbst. Feindseligkeit kann zu einer Art Gelassenheit und Seelenruhe werden; das trotzige Verlangen nach würdiger Selbsterhaltung kann sich in einem Ordnungsprinzip festigen, das das Außerordentliche in Bann hält und wenigstens dessen „Schatten" zurückdrängt. Das durchbohrende Gefühl des Nichts kann neben einem Trotzgefühl bestehen bleiben, was auch eine Form von ‚Hausordnung' sein kann. „Solange man sich dieser Einsicht verschließt, bleibt man einer *relativen* Fremdheit verhaftet, einer bloßen Fremdheit für uns, die einem vorläufigen Stand der Aneignung entspricht."[10] Das ist es ja: Radikale Fremdheit widersetzt sich allen Versuchen der Aneignung, der Vereinnahmung. Relative Fremdheit ist der allgemeine Zustand aller Individualitäten, sie ist nichts Besonderes, sie weist einen vorläufigen und vorübergehenden Charakter auf; sie ist mit anderen Worten nicht imstande, sich zu übertreffen, weil sie ihre Grenzen kennt und gerne diesseits bleibt. Ob sie auf Dauer überwunden werden kann, bleibe dahingestellt. Aber sie kann vorläufig und vorübergehend besiegt werden und vor allen Dingen kann sie keine nennenswerten Wunden schlagen, geschweige denn solche, die nicht vernarben wollen. Relative Fremdheit wäre kein Thema in der Romanwelt eines Franz Kafka, wo radikal Fremdes dagegen stets auf Unversöhnliches hinausläuft und in das Extrem des Aneinandervorbeiredens gewendet wird. Radikale Fremdheit entsteht aus einem Riss und ist niemals durch Versöhnung zu entschärfen, durch Kompensatorisches, durch das neutralisierende Potenzial von Wertmaßstäben. In ihr sind die beiden Grundpfeiler einer allumfassenden Vernunft und einer aufstrebenden Individualität wirkungslos.

Im Folgenden werden einige, wie gesagt, sehr unterschiedliche Romane in den Blick genommen. Jeder davon besitzt die eigene, unverwechselbare Vielfalt an Sinn und Bedeutung. Aus der Perspektive des vorliegenden Buches jedoch sind diese Romane wie Einzelzellen ein und desselben Strafgefängnisses. Sie alle machen den Unterschied zwischen relativer und radikaler Fremdheit besonders anschaulich, da Fremdheit in ihnen niemals als etwas Vorübergehendes und Heilbares dargestellt wird. Die Kraft, aus der Gefangenschaft auszubrechen, ist prinzipiell gegeben. Stärker ist jedoch die Gefahr oder besser die Realität, daraus niemals ausbrechen zu dürfen. Misanthropie, Selbstabsonderung, Anfeindung, Selbstüberschätzung, Megalomanie prägen größtenteils, wenn auch nicht ganz einheitlich, das hier ausgewählte Korpus.

Thomas Bernhards *Das Kalkwerk* (1970) enthält die vielleicht mächtigste Allegorie der radikalen Fremdheit, die es in der deutschsprachigen Literatur gibt. Schauplatz der Geschehnisse, über die immer nur Zeugen berichten, ohne dass

---

[10] Ebd.

irgendetwas unmittelbar stattfände, ist einer der größten Krisenherde in der Geschichte der Menschheit, nämlich die Ehe. Mehr und mehr wird das denkende und handelnde Ich in Bernhards Fiktion zu einem wilden Fremdobjekt. Die Selbstabkapselung geschieht hier ohne Notwendigkeit und doch als ein unvermeidlicher Prozess; Kontrollwut und Wahnsinn setzten sich durch und bestimmen das Verhalten des radikal Fremden und verhindern/zerstören jede Möglichkeit von vernünftiger Verständigung. Ein merkwürdiger Sadismus bricht durch, ein irrsinniges Selbstvertrauen, das zugleich tiefe Verzweiflung bedeutet. Die Suche nach Selbstabgrenzung und die Angst vor Selbstbesudelung, zwei typische Erscheinungen eines radikal fremden Menschenprofils, werden zur Obsession. Dies alles geschieht im Text unter Einsatz der kältesten Komik, als skurrile Tragikomödie der Ehe eben. Das Gebäude, das mit seiner finsteren Silhouette, mit essenzieller Kahlheit das dürftige Romanszenario beherrscht, ist das „Kalkwerk", das heißt das piranesische Gefängnis, in dessen dunklen Innenräumen radikale Fremdheit einen kafkaesken Triumph feiert.

Völlig unterschiedlich sieht es in Jean Amérys einzigem und einzigartigem Künstlerroman *Lefeu oder Der Abbruch* (1974) aus, in dem die Ohnmacht der geistigen Revolte gegen den „Glanz-Verfall" thematisiert wird. Radikale Fremdheit bedeutet hier Unzeitgemäßheit, Ablehnung der alles beherrschenden Hässlichkeit, Flucht aus der Ultramoderne, die alles Leben mit Blick auf Profitstreben und Funktionalitätswahn zu planen und zu strukturieren versucht, und dabei stets bereit ist, ihre Produkte mit einem falschen, blendenden Glanz zu überziehen. Unter „Glanz-Verfall" versteht Améry in seinem Roman alles im weitesten Sinne Modische und Verkäufliche, alles Protzende und Umweltschädigende. „Quecksilber im Thunfisch. Verröchelnde Seen und Flüsse. Cancerogene kosmetische Präparate. Vergebens versucht man die Quadratur des Zirkels: das Leben in seiner aus der Stammesgeschichte als Expansion und Rationalisation hervorgegangenen Gestalt zu erhalten, ohne daß es der ihm inhärenten Selbstzerstörung anheimfiele."[11] Auch der widerstrebende Maler Lefeu zieht sich wie Bernhards Neurotiker Konrad in ein Refugium zurück. Dort war es ein verlassenes Kalkwerk, hier ist es ein zum Abbruch bestimmtes Gebäude, das dem solipsistischen Überleben dient und das nie endende Gespräch mit dem entwurzelten Selbst fördert.

Als ein Irreduzibles, das sich nicht neutralisieren lässt, zeigt sich radikales Fremdsein auch in Josef Zoderers Kurzroman *Die Walsche* (1982), in dem exemplarisch das konfliktträchtige Bestehen des Individuums zwischen zwei fremden Kulturen, zwischen Südtirolern und Italienern, dargestellt wird. Den Hintergrund des Romans bildet die antiitalienische Gesinnung der Südtiroler Bevölkerung in den siebziger Jahren des vergangenen Jahrhunderts. Die Protagonistin Olga, die eine Art Selbstgespräch mit häufigen Kommentaren des Roman-

---

[11] Jean Améry: *Lefeu oder Der Abbruch.* Stuttgart: Klett-Cotta, 1974, S. 12.

erzählers führt, muss feststellen, wie sehr sich ihr Leben und ihre Identität entfremdet haben, seitdem sie ihr Dorf verlassen hat. Die nicht vernarben wollende Wunde in ihrer Existenz ist die Unmöglichkeit, sich mit einer der beiden Bevölkerungen identifizieren zu können. Für die Südtiroler wird sie ihrem Empfinden nach immer „die Walsche", für die Italiener die fremde Frau bleiben. Der Roman schließt jedoch nicht prinzipiell die Möglichkeit einer Überwindung der Schwellenexistenz aus. Eigeninitiative ist vorhanden, die Möglichkeit des Ausbruchs aus der Ausgrenzung, mit anderen Worten der Sprung aus der radikalen in die relative Fremdheit, ist zumindest gegeben.

In einem fantastisch-visionären und zugleich parabelhaften Umfeld wird die Thematik der Fremdheit in Friedrich Dürrenmatts Roman *Der Winterkrieg in Tibet* (1984) ausgehandelt. Auch hier verkapselt sich ein Individuum in sich selbst, das erwählte Refugium der solipsistischen Auflehnung sind hier gar tibetische Bergstollen. Dürrenmatts Roman ist ein exemplarisches Produkt des Kalten Kriegs und hat eine unterschwellig philosophische Ausrichtung. Inszeniert wird hier das Epos eines Einzelkämpfers (und ehemaligen Platonforschers), der sich Klarheit über den mysteriösen „Winterkrieg in Tibet" zu verschaffen versucht. Dieser Krieg, eine Allegorie des immerwährenden Bellizismus, ist die Fortsetzung des Nuklearkriegs als blinder Nahkampf zwischen Söldnerheeren, die aus Glaubenskriegern zusammengesetzt sind, ohne dass man wirklich weiß, gegen wen gekämpft wird. Wie irrsinnige Automaten liefern sich die Söldner blutige Gefechte, die vielleicht von einer unbekannten Machtzentrale ferngesteuert werden. Radikale Fremdheit hat auch hier einen existentialistischen Unterton, sie ist die Hyperrealität eines Erkennenden, der in völliger Einsamkeit, mit Hilfe seines wissenschaftlichen Wissens, die Ursachen ermitteln will, die zum Ausbruch des Nuklearkriegs geführt haben. Die Dynamik der menschlichen Zivilisation erscheint in diesem Roman als ein Mechanismus der Vernichtung, der nicht mehr zu bremsen ist.

Gerhard Roths Kriminalroman *Der See* (1995), der erste Roman sowohl in der Reihe der Kriminalerzählungen als auch im „Orkus"-Zyklus dieses Autors, erzählt von einem selbstbezüglichen Dasein am Rande des Wahnsinns. Bedroht, einsam, radikal fremd in einem Land, das laut Roman im Fremdenhass versinkt und dessen Wohlstand auf umfangreichen Waffenexporten gründet, muss der Protagonist Paul Eck, ein medikamentensüchtiger Einzelgänger, das Geheimnis des plötzlichen Todes seines Vaters auf dem Neusiedlersee lüften, um nicht selbst des Mordes an ihm beschuldigt zu werden. Der Roman ist ein einziger Überlebenskampf der Hauptfigur gegen feindliche Instanzen, die ihn zugrunde richten wollen. Paul Eck ist ein Rächer, dessen Rache nicht vollendet werden kann. Auf mehreren erzählerischen Ebenen steht die innere Zerrissenheit des an der Gegenwart scheiternden Protagonisten im Blickpunkt. Er ist auch ein kranker, verletzter Einzelkämpfer in einer kriminellen Welt, die von schmutzigen Deals geprägt wird.

Gleichgültigkeit und Kälte sind auch für Christian Krachts Roman *Faserland* (1995) charakteristisch, in dem ein postmodernes Selbst Denken und Verhalten des erzählenden Protagonisten bestimmt, wenngleich die „unhintergehbare Individualität" in ihm vergebliche und unverstandene Versuche unternimmt, um Risse in die Wand der arroganten Selbstbezüglichkeit zu bringen. Der namenlose Protagonist dieses Romans ist gemäß der Hauptabsicht des Autors eine Art postmoderner Dandy, der sich ein scheinbar sorgenfreies Leben gönnt. Ebenfalls scheinbar bestens integriert ist der Dandy in seinem sozialen Milieu, das geprägt ist von Konsum und ausschweifenden Partys. Und doch laboriert tief in ihm ein Gefühl der Vereinsamung, der schmerzhaften Bindungslosigkeit, der Verzweiflung, das er teils erfolgreich teils vergeblich zu unterdrücken versucht. Er ist der nie reif gewordene Adoleszent, der sich in dem Deutschland der frühen neunziger Jahre radikal fremd vorkommt und sich nach einer guten alten Heimat zurücksehnt, die es nicht mehr gibt und es vielleicht nie gegeben hat.

Ein damit vergleichbares zeitdiagnostisches Gesellschaftspanorama bietet auch Rainald Goetz' Roman *Johann Holtrop. Abriss der Gesellschaft* (2012) anhand der Darstellung von Fall, Wiedergeburt und Selbstzerstörung des narzisstisch-egomanischen Spitzenmanagers und Wirtschaftsabenteurers Dr. Holtrop. Auch dieser Holtrop ist, wie Krachts „Faserland"-Bewohner, ein durchaus integriertes Mitglied der Gesellschaft; er ist reich, genießt Anerkennung und wird gefürchtet. Von früh an lernt er, sich in das überall herrschende System der alle einenden Verachtung hineinzuleben und sich damit zu arrangieren. Zugleich aber gewinnt er zu Verachtung als Führungsprinzip innerliche Distanz „in dem, wie er nicht wusste, verboten naiven Glauben an die höchst besondere Andersartigkeit seiner selbst."[12] Radikale Fremdheit wird in diesem Roman jedoch nicht durch den Protagonisten, den man bestenfalls nur als einen halben radikal Fremden betrachten könnte, sondern durch die Erzählhaltung selbst zum Ausdruck gebracht, die, sich auf Hassbereitschaft, Megalomanie und systematische Bosheit konzentrierend, eine vernichtende Darstellung der in der Wirtschaftswelt herrschenden Maßgaben zeitigt.

---

[12] Goetz: *Johann Holtrop*, S. 25.

2 Thomas Bernhard: *Das Kalkwerk* (1970)

2.1 An einem allegorischen Ort

Kann man sich einen besseren Ort für radikale Fremdheit als Thomas Bernhards Kalkwerk vorstellen? In diesem imaginären Raum geschehen belanglose und doch fürchterlich-groteske Dinge. Die Zwangsvorstellung, ein geniales wissenschaftliches Traktat über das Gehör verfassen zu müssen, ohne die Fähigkeit und die Kenntnisse hierfür zu besitzen, ertönt im Text wie ein Generalbass und bestimmt alles Geschehen bis ins kleinste Detail hinein. Konrad ist als Laie von der Obsession des Experimentierens erfüllt, die er, ohne jede Rücksicht, ohne erforderliche Erfahrung und Methode auf seine invalide Frau richtet. Von Anfang an weiß man als Leser, worauf das Ganze hinauslaufen wird: Der verrückte Konrad, der Besitzer des schon längst stillgelegten Kalkwerks, das von ihm irrsinnigerweise als Privathaus genutzt wird, hat seine Frau in ihrem Rollstuhl mit einer Schusswaffe ermordet. Das Mordmotiv bleibt bis zum Ende unklar. Mehrere Gründe kämen in Betracht; auf die Zeugenschaft des verstörten Täters ist jedenfalls kein Verlass.

Das Geschehen, das kein einziges Mal zeitgleich zum Erzählvorgang auf der Gegenwartsebene stattfindet, sondern immer nur referiert wird, wird durch den Schauplatz dominiert, dieses Verlies von allegorischer Valenz.[13] Konrad hat das Kalkwerk nach seinem gestörten Geschmack und seinen krankhaften Vorstellungen umgestalten lassen. Daraus ist ein kerkerähnliches Gebäude geworden, vom Rest der Welt abgeschirmt, dem Blick durch Bäume und andere Vegetation verborgen, unheimlich, kahl, schnörkellos, finster. Dieser Ort ist die Kartause, in der *das* Werk des verrückten Pseudowissenschaftlers Konrad endlich das Licht der Welt erblicken wird, wie er wähnt; zugleich ist es das gigantische Laboratorium, in dem die Versuche am Gehör der gefangenen Ehefrau und ewigen Rivalin des Protagonisten durchgeführt werden. Alle Öffnungen dieses Verlieses sind durch schwere Riegel und Gitter geschützt, damit das Gebäude ungastlich und fürcht-

---

[13] In Bernhards Romanen sind Orte und Landschaften stets parabolisch und das Personal lebt zurückgezogen in Gebäuden, die durch ihre Besonderheit und Lage „das Ausgeschlossensein" und „die Exzentrizität" ihrer Bewohner demonstrieren. Die gesamte Umfunktionierung des Kalkwerks in einen Kerker, ein Arbeitshaus, eine Strafanstalt hat den Charakter der „Selbstkasteiung". Vgl. Heinrich Lindenmayr: *Totalität und Beschränkung. Eine Untersuchung zu Thomas Bernhards Roman „Das Kalkwerk"*. Königstein/Ts: Forum Academicum in der Verlagsgruppe Athenäum, Hain, Scriptor, Hanstein, 1982, S. 62-63.

einflößend aussieht. Überall umher ist „höchstwachsendes Gestrüpp aus der Schweiz" eingepflanzt worden, „damit die Leute, die, unerwünscht und unaufgefordert, wie das ihre Art sei," meint Konrad, „immer wieder am Kalkwerk vorbeigehen, nicht zum Kalkwerk herüberschauen könnten".[14] Fast unerreichbar ist das Gebäude, besonders im Winter; der hohe Schnee, den niemand abträgt, garantiert eine vollkommene Abgeschiedenheit. Und still, sehr still ist Konrads Refugium auch, so still, dass das Ohr drinnen besonders hellhörig wird. Die Tatsache, dass das Kalkwerk nicht aus der Ferne zu erspähen ist, weil die Sicht stets verstellt bleibt, und auch ein Betrachter aus der Nähe das Gebäude kaum wahrnehmen und es unmöglich aus mehreren Perspektiven betrachten kann, führt dazu, dass seine Größe nicht zu ermessen ist. Für den ahnungslosen Betrachter ist das Gebäude ein Rätsel, nur wer in ihm haust, wer es „mit Kopf und Seele bewohnen und mit diesem ungeheuerlichen Mechanismus ausfüllen kann, könne das Ganze ausmessen. Erfassen nicht, aber ausmessen, soll Konrad gesagt haben."[15]

Das Aussehen des Kalkwerks versetzt den Betrachter in Schrecken. Sobald man aus dem hochgewachsenen Gestrüpp herausgetreten ist, wird man von dem Gefühl übermannt, intensiv beobachtet, geradezu ausspioniert zu werden. Die tiefe Verunsicherung verscheucht alle Zufallsbesucher; statt Interesse an der näheren Erforschung der örtlichen Gegebenheiten zu wecken und wach zu halten, verursacht die Ansicht des Gebäudes in ihnen Entmutigung, Schlaffheit, „alles wird nach und nach, nach anfänglicher unerhörter Wachsamkeit, Angespanntheit aller Sinnesorgane, kraftlos, eine große Erschlaffung bemächtigt sich aller, die in den Bereich des Kalkwerks eingetreten sind, auf einmal."[16] Allein der Anblick des Kalkwerks entmutigt die Wanderer und bringt sie dazu, den Ort umgehend zu verlassen, ohne angeklopft zu haben, ohne sich nach all der Mühe der Wanderschaft zu vergewissern, ob das Kalkwerk besichtigt werden kann. Die wenigsten, die doch den Mut fassen anzuklopfen, bereuen sofort, es getan zu haben, weil das Anklopfen einen „fürchterlichen Lärm"[17] auslöst. Auch zwingt das Äußere des Kalkwerks den Beobachter zu falschen Einschätzungen bezüglich der Geräumigkeit seines Inneren. Man ist geneigt zu glauben, irrtümlicherweise, dass der Spielraum im Kalkwerksinneren sehr gering sei, dass das Gebäude eine nur sehr eingeschränkte Bewegungsfreiheit gestatte. Vielleicht kommt dies daher, dass es unmöglich ist, sich von außen einen Eindruck von seiner verschlungenen Architektur zu verschaffen, zumal die alten Besitzer im Verlauf der Jahrhunderte stets neue Teile dazu gebaut und die Struktur erweitert und verkompliziert haben. Das Kalkwerk, dieser Tempel radikaler Fremdheit, ist dazu prädestiniert, den Beobachter in die Irre zu führen, ihn zu täuschen, ihn dazu zu bewegen, über das

---

[14] Thomas Bernhard: *Das Kalkwerk*. Frankfurt a.M.: Suhrkamp, 1970, S. 24-25.
[15] Ebd., S. 31.
[16] Ebd., S. 32.
[17] Ebd.

Trügerische seiner Vorstellungen nachzudenken. Denn das Tatsächliche „sei tatsächlich immer anders"[18], das heißt kontingenzanfällig. Ganz anders erweist sich das Kalkwerksinnere denjenigen, die es betreten oder betreten dürfen. Konrad, der es am besten kennt, da niemand sonst es in allen seinen Ecken und Winkeln betreten darf, versichert seinen Zuhörern, dass man immer weiter und weiter gehen könne, ohne fortwährend die gleiche Strecke benutzen zu müssen. „Die Konstruktion des Ganzen sei auf Totaltäuschung angelegt, der oberflächliche Beurteiler auf jeden Fall in die Falle gegangen."[19] Und nach einem so ungastlichen Zuhause hat sich Konrad jahrelang gesehnt und alle Mittel angewendet, um in dessen Besitz zu gelangen und es in den perfekten Arbeitskerker umzuwandeln, der alle Leute, an erster Stelle seine Ehefrau, in Schrecken und Depression versetzt.

Eiseskälte durchdringt alle Zimmer, die meistens sehr breit sind, und ganz besonders das geräumige holzgetäfelte Empfangszimmer, in dem Konrad bei einer Temperatur von nur drei Grad über null die ungebetenen Gäste empfängt, die ihm von Amts wegen einen Besuch abstatten müssen. Und doch geschieht es hin und wieder, dass auch Anklopfende, diese Vertreter der „Konsumgesellschaft"[20], die alles irgendwie verbrauchen zu müssen glauben, empfangen werden und die goldene Isolation des Kalkwerks durchbrechen. Warum erlaubt Konrad es ihnen, die Schwelle seines Hauses zu überschreiten, da grundsätzlich kein Bedarf an menschlichem Umgang besteht? Weder Menschenfreundlichkeit noch Korrektheit sind der Grund dafür, denn Konrad hasst „alles, was Zuvorkommenheit den Menschen gegenüber" bedeutet. Er öffnet sein Refugium aus „erbarmungswürdiger Kraftlosigkeit seiner Person"[21], die es nicht schafft, das Nötige sicherzustellen, das heißt jene ausnahmslose Abgeschiedenheit, jene radikale Entfremdung, die es ihm ermöglichen würden, seine Studie über das Gehör niederzuschreiben.

Die besonders harten Lebensumstände im Kalkwerk haben Konrad abgehärtet. „Hier, im Kalkwerk, sei alles Kälte."[22] Und trotzdem ist die Ablenkung immer wieder die größte Gefahr, „tatsächlich keine Freunde, soll Konrad gesagt haben, tatsächlich keine wirklichen Freunde, nur Neugierige, Schadenfrohe, keine Freunde, lauter Feinde im Grunde und der erbittertste Feind sei man sich selbst."[23] Merkwürdigerweise wagen sich immer wieder Leute in die Nähe des Kalkwerks, und zwar aus der Vorstellung heraus, es sei eine irgendwie geartete Idylle, die ländliche Idylle eines alten Mausoleums, in dem ein nettes altes Pärchen wohnt. Wegen Konrads Kraftlosigkeit schaffen es manche, hineinzutreten,

---

18   Ebd.
19   Ebd.
20   Ebd., S. 73.
21   Ebd.
22   Ebd., S. 82.
23   Ebd., S. 87.

aber bald wird es ihnen unerträglich und sie müssen schnell weggehen. „In das Kalkwerk gegangen, hieße zweifellos, in eine Falle gegangen.“[24] Nicht nur ist es im Kalkwerk ungemütlich wegen der klirrenden Kälte; die Zimmer stehen leer, die Wände sind kahl, das Licht ist spärlich, die Luft ist stickig und übelriechend, überall herrscht Schmutz, da sich niemand um die Reinigung der Räume kümmert. Konrad ist es gelungen, sämtliche Verwandte seiner Frau abzuschrecken, da „Verwandte im Grunde alles eher als verwandt“ sind, Verwandtschaft sei „Betrug“, „Selbstbetrug“, soll Konrad gesagt haben.[25] Das Kalkwerksinnere ist dennoch nicht verwahrlost, wie man vielleicht denken würde. Die Mauern stehen fest und Konrad hat sich um Renovierungsarbeiten gekümmert, die dem Verfall ein Ende setzten. Nur eben das Menschliche, der Umgang mit Menschen wird zugunsten einer größeren Arbeitsruhe und Konzentration, einer vollkommenen Abgeschlossenheit schwerstens beeinträchtigt, denn Menschen brächten nur Ablenkung, Verstellung, Heuchelei mit sich, meint Konrad. Wo man hingehe und wo man hinschaue, sei man „nur auf Beschmutzer“ angewiesen, die sich von nichts mehr erschüttern ließen; „der Mensch lasse sich […] gar nicht mehr erschüttern“, denn Erschütterung sei durch „Heuchelei“ abgelöst worden.[26] Wie man sieht, gerät man auch hier in die Nähe einer „bizarr verschrobenen“ Darstellung wie im ersten Kapitel des vorliegenden Buches.

Das Kalkwerk ist der perfekte Spiegel von Konrads radikaler Fremdheit, das perfekte Zuhause eines unheilbar Misanthropen, der die Menschheit aufgegeben und sich eingebildet hat, nur für einen wissenschaftlichen Zweck zu leben, der eigentlich, wie selbst Konrad weiß, nur närrische Illusion ist. „Unser Ziel ist das Kalkwerk gewesen, unser Ziel ist der Tod gewesen durch das Kalkwerk.“[27] Radikale Fremdheit fürchtet sich vor der Besudelung, vor dem Verlust der eigenen vermeintlichen Reinheit, und deshalb sucht sie nach Ersatzparadiesen, die der Selbstverherrlichung förderlich sind. Ein ästhetizistischer Zug ist ihr immanent, eine elitäre Selbsterhöhung, die in jedem Fall, auch über Konrads Geschichte hinaus, stets in den Wahnsinn umzukippen droht. Der Nexus zwischen Ästhetizismus, elitärem Selbstgefühl und Wahnsinn wird auch in *Lefeu oder Der Abbruch*, wie gezeigt werden soll, spürbar sein.

2.2   In eigener Wunschwelt neurotisch gefangen

Von radikaler Entfremdung erfasst, ist der Typus Konrad der eigenen neurotischen Wunschwelt grenzenlos ausgeliefert. Seine Welt ist von der obsessiven Idee dominiert, eine bahnbrechende Studie niederzulegen. Die ganze Menschheit

---

24   Ebd., S. 100.
25   Ebd., S. 108.
26   Ebd., S. 174.
27   Ebd., S. 225.

20

wird dafür verantwortlich gemacht, dass das Opus aus Konrads Gehirn nicht heraus will. Nicht so sehr dieses Ziel an sich sollte interpretatorisch ernst genommen werden, sondern vielmehr der Wahrheitsfanatismus, der dahinter steckt. Dem Wahrheitsfanatismus hat Konrad sein Leben und, was unvergleichlich schlimmer ist, auch das Leben seiner Ehefrau geopfert. Wie ist es dazu gekommen? Worin liegt der Konnex des Wahrheitsfanatismus zur radikalen Fremdheit begründet?

Der Text zeichnet Konrads Werdegang nach und unterstellt einen Nexus zwischen radikaler Fremdheit und psychophysischer Entwicklung. Als Kleinkind leidet Konrad an Kopfschmerzen, als Halbwüchsiger an Schwächezuständen, und deshalb ist von Anfang an die Überanstrengung die Signatur seines Lebens. Davon hätten die Ärzte, erzählt Konrad, nie etwas verstanden, weil sie kein echtes Interesse daran gehabt hätten, die Wahrheit wissenschaftlich zu erkunden. „Die ganze Kindheit, wie die ganze Jugend, seien ihm gekennzeichnet gewesen durch ununterbrochene Ängstlichkeit, nicht Angst, Ängstlichkeit."[28] Ein weiteres prägendes Merkmal sei die andauernde Isolation gewesen, die er in der Familie seitens Geschwistern und Eltern erlebt habe. Während seines Lebens als junger Mensch und auch später habe Konrad alle seine Körper- und Geisteskräfte darauf konzentrieren müssen, aus dieser familiären Isolation herauszukommen, was ihm aber nicht gelungen sei. Die anderen Familienmitglieder hätten ihn abgelehnt, weil er problematisch gewesen sei, meint Konrad. Ebenso wie die Ärzteschaft so habe ihn auch seine Familie im Stich gelassen, ohne Interesse für seine Gefühle und Leiden zu zeigen, ohne die Wahrheit über seinen Zustand erfahren zu wollen. Die innere Einsamkeit habe ihn dann im weiteren Verlauf seines Lebens verfolgt, selbst wenn es darum gegangen sei, sich dem Willen der Eltern zu widersetzen und Naturwissenschaften oder Medizin zu studieren. Die Unfähigkeit, sich durchzusetzen, als Erscheinung seiner gelähmten Kindheit, der Mangel an Selbstwertgefühl, hätten bei ihm auch bezüglich dieser so lebenswichtigen Entscheidung nachgewirkt. Und so habe der junge Konrad nicht das getan, was er wollte, sondern was die Eltern wollten, da sie schon längst an seiner Stelle entschieden hätten. Und er habe sich dann tatsächlich als Erbe sein Leben lang um den stattlichen Grundbesitz seiner Eltern kümmern und auf jede andere Tätigkeit verzichten müssen.

Mit seinem wissenschaftlichen Großprojekt – der Abhandlung über das Gehör – will Konrad Revanche an seiner Familie nehmen. Konrads Selbstwahrnehmung, womöglich teilweise auch die objektive Wahrscheinlichkeit seines Lebensberichts bilden den Hintergrund für seine fixe Idee, für die „ungeheuer schwierige, alle Augenblicke vollkommen zerbrechliche medizinisch-musikalisch-philosophisch-mathematische Arbeit"[29], die aber nicht heraus will. Radikale Fremdheit trägt möglicherweise standardmäßig einen revanchistischen Kern

---

[28] Ebd., S. 58.
[29] Ebd., S. 78-79.

in sich, wie Bernhards Text suggeriert. Eine ursprüngliche Wunde, die nicht mehr vernarbt, wäre stets vorauszusetzen. Isolierung durch andere und Selbstisolierung sind anhaltende Existenzschäden. Die Rache dafür ist der neurotische Impetus gegen alle „Feinde" der Wahrheit, gegen all diejenigen, welche die Verbreitung der ‚Wahrheit' verhindern wollen. Bernhards Text führt vor, wie radikale Fremdheit strukturell nicht ohne einen pathologischen Grundzug und ohne den Wahrheitsfanatismus bestehen kann.

Konrad setzt alles auf die Studie, obwohl er weiß, dass er trotz seiner „wissenschaftlichen" Anstrengungen nichts hervorgebracht hat. Dass seine Absicht eine geistige Narretei sein kann, ist ihm auch bewusst. Und dennoch macht er verbissen weiter, weil die Studie ihm eine Perspektive auf Selbsterfüllung und Selbstwertfindung eröffnet, weil er diese letzte Hoffnung nicht preisgeben will, nicht preisgeben darf. Ein krankhaftes Beharren auf der eigenen Isolation und die Erkenntnis, dass eine große Diskrepanz zwischen seinem Ziel (der Studie) und den dazu vorhandenen Mitteln (seinen Kräften) besteht, kennzeichnen seine gestörte Persönlichkeit.

Dieser Existenzmodus ist absurd. In der Form des Absurden wird das Individuum von der Verfremdung ergriffen. In Konrads Fall gilt ganz spezifisch, dass das Individuum nicht *en face du monde* ist, sondern aus Schwäche in die Spirale einer sich immer weiter steigernden Feindseligkeit gerät, genährt von der vermeintlichen Gegnerschaft der Außenwelt, da sich die ganze Welt gegen die Niederlegung der Studie zu „verschwören" scheint. Konrads Wahnvorstellung ist die Quelle für eine Reihe ekstatischer Augenblicke, in denen er glaubt, das gewünschte Ziel quasi erreicht zu haben; diese geben ihm Aufwind, bis er mit Entsetzen feststellen muss, dass die Niederlegung immer wieder in weite Ferne rückt. *Waiting for Godot* als Bittsteller vor dem „Tor zum Gesetz" – dies gilt auch für den Kalkwerkskönig Konrad, der stets vergebens auf die Offenbarung des magischen Augenblicks wartet, in dem die Wunderstudie endlich das Licht der Welt erblicken wird. „Monatelang, jahrelang, im Grunde Jahrzehnte lang warte er auf diesen Augenblick, weil er aber auf diesen Augenblick warte, komme dieser Augenblick nicht. Und obwohl ihm das vollkommen klar ist, warte er doch immer auf diesen Augenblick […]".[30]

2.3   Tödliche Zweisamkeit

Das Ideal des Zusammenlebens sei nur Verstellung, Propaganda, Scheinheiligkeit, meint Konrad: „[…] das Zusammenleben, gleich welcher Leute, gleich welcher Menschen gleich welchen Standes, gleich welchen Herkommens, gleich welcher Profession, mag man die Sache drehen, wie man will, ist, solange es dauert, ein gewaltsames, einfach von Natur heraus immer schmerzvolles, zu-

---

[30]   Ebd., S. 150.

gleich, wie wir wissen, das eingängigste, grauenhafteste Beweismittel für die Natur."[31] Sozialität sei deshalb für Konrad nicht das Paradies des Dialogs, sondern naturbedingter Zwang zum physischen und verbalen Zusammensein, ein Beinchen, das die Natur dem Menschen stellt, um ihn unglücklich zu machen. Anders als etwa Wilhelm von Humboldt, der die Bildung des Menschen als einen Prozess der Verbesserung und Veredelung charakterisierte und das Ideal des Zusammenlebens menschlicher Wesen als dasjenige betrachtet hatte, dem zufolge sich jedermann aus sich selbst heraus und um seiner selbst willen entwickeln konnte, konstatiert Bernhard am Beispiel seines Protagonisten, dass dieses Ideal „eine Lüge" sei und deshalb keiner ein Recht darauf habe, denn das hieße wohl, „den Zustand doppelter Verzweiflung und doppelter Verbannung ganz bewusst" auf sich zu nehmen und sich „aus der Vorhölle des Alleinseins in die Hölle des Zusammenseins"[32] zu begeben. Kohärent mit dieser Vorstellung vegetiert Konrad in seinem Kalkwerk, schwer bewaffnet gegen Eindringlinge, die gewaltsam in sein Refugium einbrechen könnten, aber vor allem in permanenter Abwehrposition gegenüber der eigenen Frau, die auch seine Halbschwester ist und die er als Versuchskaninchen für seine nutzlosen „Experimente" missbraucht und dennoch wegen ihres Widerstandes und ihrer Schmähworte gegen seine gescheiterte Studie fürchtet.

Bernhards Roman ist auf weiten Strecken hin auch ein Eheroman, in dem Ehe, im Einklang mit einer langen literarischer Tradition, als Hölle der Zweisamkeit beschrieben wird. Ein subtiles Ringen um Selbstbehauptung regelt die Beziehung zwischen beiden Ehepartnern. Es ist wiederum Konrad, der indirekt (d.h. im Bericht der Romanerzähler) den Verlauf analytisch beschreibt. Der Sinn seiner rituellen, sadistischen Versuche, denn hierin liegt der Zweck dieses Zusammenlebens, ist nicht etwa, Krankheiten zu studieren oder neutral das Funktionieren des menschlichen Gehörs zu untersuchen. Durch seine „Experimente" will Konrad die Möglichkeit der Steigerung der Feinakustik im menschlichen Gehör testen, das, was er „Hellhörigkeit" nennt, das heißt jene Fähigkeit, die zum Beispiel gewisse, mit einer besonderen Trommelfellmembran ausgestattete Vögel haben, weit entfernte und sogar leise Geräusche wahrzunehmen, als wären sie in der Nähe produziert worden. Kann man sich eigentlich etwas Verrückteres vorstellen? Konrad selber besitze diese Eigenschaft, wie er seinen Zuhörern versichert. Merkwürdigerweise habe er aufgehört zu hoffen, das Gehör seiner Frau durch wiederholtes Üben zu verbessern, was ihn dennoch nicht davon abhält, weiter an ihr Testversuche durchzuführen. Dabei hat er eine „Methode" entwickelt, die er im ganzen Roman „die urbantschitsche Methode" nennt, aus dem Namen von Viktor Urbantschitsch (1847-1921) abgeleitet, einem Wiener Arzt, der als ein Pionier der modernen Ohrenheilkunde gilt, sie in seinem

---

[31] Ebd., S. 185.
[32] Ebd.

Lehrbuch der Ohrenheilkunde (1884) ausführte und eingehender in der Schrift *Über Hörübungen bei Taubstummeit und bei Ertaubung im späteren Lebensalter* (1895) erläuterte. Was Bernhards Original genau tut, ist hier nicht besonders wichtig.[33] Wichtiger ist sein Bewusstsein, die Methode „zu einem Martyrium"[34] entwickelt zu haben, mit anderen Worten zu einem perfektionistischen Albtraum, der nichts mit der Wissenschaft zu tun hat, sondern lediglich eine Ausgeburt von Konrads Wahnsinn ist, von seiner krankhaften Selbstbezüglichkeit, von seiner neurotisch-depressiven Weltabgewandtheit, von seinem Hass auf weit verbreitete Dummheit.

> Die Gesellschaft schützt sich ununterbrochen vor den Geistesblitzen, indem sie sich ununterbrochen vor sogenannten Geisteskranken schützt. Die Gesellschaft sei nur für das dumpfe Dahindämmern, für sonst nichts. Die Leute wollen in Ruhe gelassen sein und sie hassen nichts tiefer als Gehör und Gehirn. Die völlig gehör- und gehirnlose Masse wäre ihr Ideal [...].[35]

Die Wahnvorstellung, ein genialisches Werk aufs Papier bringen zu müssen, das es aber gar nicht gibt, steigert Konrads Verbissenheit und Rücksichtslosigkeit gegenüber seiner Frau, die von ihm als ein typisches Beispiel der ‚eingeschränkten' Gesellschaft angesehen wird, da auch sie kein Gespür für die Größe seines Ziels habe und das Ihrige täte, um die Geburtsstunde der wundersamen Studie zu verspäten oder gar zu vereiteln. Konrad schwelgt geradezu in seiner Fantasie, eine große Aufgabe erfüllen zu müssen und sich deshalb keine Rücksicht erlauben zu dürfen. „Dieses Opfer ist wehrlos, das weiß man. Dieser furchtbare Gedanke allein ermöglicht einem dann die furchtbare Geistesarbeit, die man verrichten zu müssen glaubt."[36] Selbstgefällig speist er die positive Wahrnehmung seiner eigenen Person auch aus dem Gefühl einer erzwungenen Misanthropie, denn „man gehe allein und in ein immer größeres Alleinsein hinein. Und in im-

---

[33] Bezüglich anderer Fragestellungen und Lesarten, etwa die medizin- und wissenschaftshistorischen Hintergründe in Bernhards Werk betreffend, ist Konrads Experimentalanordnung selbstverständlich relevant. Das „Geheimnis" des Gehörs zu lüften, ist für Konrad gleichbedeutend mit der Erschließung der mysteriösen Quelle aller Erfahrung und Naturbeherrschung. Aus diesem Grund weigert er sich, das Bild von Francis Bacon, einem der Väter der Erfahrungswissenschaft, zu verkaufen. Die „urbantschitsche Methode" hätte laut Lindenmayr in diesem Zusammenhang den Sinn, Konrad im Hören zu schulen und ihn folglich zur „echten" Kommunikation jenseits aller Sinnestäuschungen zu führen. Vgl. Lindenmayr: *Totalität und Beschränkung*, S. 80-81. Zu diesem Zusammenhang und besonders zu dem Verhältnis zwischen Scheitern und Anspruch auf das Absolute in Konrads Verhalten vgl. auch Micaela Latini: *Die Korrektur des Lebens. Studien zu Thomas Bernhard*. Würzburg: Königshausen & Neumann, 2017, bes. Kap. 1.
[34] Bernhard: *Das Kalkwerk*, S. 65.
[35] Ebd., S. 81.
[36] Ebd., S. 86-87.

mer größere Finsternis hinein allein [...]".[37] Ein maßloser Absolutheitsanspruch untergräbt Konrads Geistesverfassung, wie es wahrscheinlich in jedem radikal fremden Menschen geschieht, und bestimmt seine Selbstwertvorstellung. „Alles sei ihm ununterbrochen das Absolute, das ihn zu vernichten drohe."[38]

Der erbärmliche Alltag neben seiner Frau, die seine ‚Eigentümlichkeit' nicht zu schätzen wisse, unterminiert Konrads ‚Größe', wie er selber glaubt. Mit obsessiver Genauigkeit berichtet Konrad über den schleichenden Zweikampf und über die Lügenhaftigkeit zwischen beiden. Mann und Frau kämpfen gegeneinander, jeder in sich selbst abgekapselt, ohne es offen zu bekennen. Besonders skurril ist Konrads Maßnahme, sie für ihre Unaufmerksamkeiten während der sogenannten Gehörübungen zu bestrafen: Er liest der in Südtirol aufgewachsenen Frau stundenlang ausgerechnet aus den *Memoiren eines Revolutionärs* (1899) des Theoretikers des kommunistischen Anarchismus Pjotr Alexejewitsch Kropotkin (1842-1921) vor, der für eine gewalt- und herrschaftsfreie Gesellschaft kämpfte. Konrads Frau hasst dieses Buch, hingegen liebt sie den *Heinrich von Ofterdingen* (1802), den Fragment gebliebenen Roman von Novalis, aus dem Konrad ihr oft genug und gegen seinen Willen vorlesen muss, um sich ihrer Mitarbeit zu versichern. Auch das Vorlesen der *Memoiren* betreibt Konrad wie ein grausames Ritual, bei dessen Ausführung er von seiner Frau die größte Konzentration erwartet. Falls sie nicht aufmerksam zuhört, drohen ihr Essensentzug, Verlängerung der Hörübungen, Verweigern der Zimmerentlüftung usw. Der Alltag im Kalkwerk zieht sich wie ein absurdes Affenspiel zwischen zwei Verrückten hin, das von der Manie eines deprimierten Sadisten geprägt ist. Konrad experimentiert an seiner Frau ununterbrochen bis zu ihrer totalen Erschöpfung. Dieses sogenannte Experimentieren ist ihm das Wichtigste: Der Experimentator, meint er, habe nichts anderes zu tun als zu experimentieren, er solle keine Gründe dafür suchen, sondern einfach weiter arbeiten, mit der härtesten Konsequenz: Er solle sich zu Tode experimentieren. „Für ihn, Konrad, gebe es nur noch Experimentalsätze", „alles sei ihm nichts mehr als nur Experiment, die ganze Welt Experiment".[39] Die Beziehung zu seiner Frau ist für Konrad die Quintessenz der Beziehungslosigkeit. Gleichwohl hält er an dieser Verbindung fest, die – mit Ausnahme des zeitlich beschränkten Kontakts zu Besuchern, denen er seine Lebensgeschichte erzählt – seine einzige Beziehung zur Welt ist, denn Konrad fürchtet sich vor der allgemein verbreiteten Lügenhaftigkeit und Besudelung.

Und nicht minder fürchtet er sich vor der eigenen Verwahrlosung, vor dem unaufhaltsamen Verfall seiner Individualität, die allmählich im Nichts versinkt. Keine Rettung ist in Sicht, Konrad wittert Niedertracht überall, ohne dabei wirklich einsehen zu wollen, was für einen Abgrund von Unmenschlichkeit er inzwischen erreicht hat. Folter, Rachefeldzüge, Schikanen, Drohungen beherrschen

---

[37] Ebd., S. 87.
[38] Ebd., S. 88.
[39] Ebd., S. 118.

den Alltag im Kalkwerk. Ein Nachttraum Konrads antizipiert prophetisch das katastrophale Ende des Ehepaars ebenso wie das Scheitern von Konrads pseudowissenschaftlichem Projekt. Konrad träumt davon, in einem Anfall von Wahnsinn das Kalkwerksinnere vollständig mit schwarzem Mattlack auszumalen. „Decken, Wände, noch vorhandene Einrichtungsgegenstände, [...] einfach alles malte er schwarz an und aus und er malte sogar das Zimmer seiner Frau, schließlich alles im Zimmer seiner Frau und schließlich seine Frau selbst schwarz an und aus [...]".[40] In einem Crescendo von blinder Wut malt Konrad (im Traum) „auch das Innere des Kalkwerksinneren" schwarz an, bis er hinaustritt und sich von einem Felsvorsprung in die Tiefe stürzt.[41] Das Kalkwerk in ein Grab verwandeln zu wollen: Die oneirophrene Vorstellung passt hervorragend zu der seelischen Disposition der radikalen Fremdheit in ihrer pathologischsten Ausprägung. Der Text zeigt die Luzidität auf, mit der Konrad seine Situation wahrnimmt, ohne dabei jedoch auf seine fixe Idee verzichten zu können. Radikale Fremdheit, dies zeigt uns Bernhards Text, ist eine Art Falschinvestition in die eigene vermeintliche Besonderheit, die mit allen Mitteln verteidigt wird, während inzwischen der Wert des investierten Kapitals immer weiter sinkt. Konrad ist in der Spirale des selbst auferlegten Zwangs gefangen und kann oder will nicht mehr heraus. Das Närrische seiner Lebensbedingungen ist ihm vertraut, aber er muss einfach weiter; er muss dem Pflichtgefühl gehorchen, er muss sich und der Welt beweisen, dass er ein Genie ist. Das immerwährende Scheitern aber verstärkt den depressiven Teil seiner Persönlichkeit. Die vielleicht prägendste Auswirkung davon ist der Glaube an die Notwendigkeit, alle anfeinden zu müssen, seine Frau und alle Menschen, die er für schuldig hält, sein Scheitern verursacht zu haben „Das Gegenüber, die Feinde, soll er gesagt haben, seien doch immer und in jedem Fall in der Übermacht."[42] Konrad erblickt, ans Ende seiner Kräfte gelangt, überall nur Feinde auf dem elenden ‚Theater' seines Lebens, Feinde, die auf ihn lauern und sein katastrophales Ende beschleunigen. „Nur Feinde, soll er gesagt haben, denn selbst Freunde seien nichts als Feinde", nur Feinde also, als Freunde getarnt, schlichen sich in sein Leben hinein, glaubt er. „Immer neue Feinde als Freunde kommen aus dem Bühnenhintergrund, soll Konrad gesagt haben, von überall her, aus der größten Finsternis heraus als Freunde und Freunde als Feinde, also Feinde, und wir lassen sie uns in großen Massen selbst vom Schnürboden herunter."[43] Und so endet Konrads Lebensbahn: in einem Zustand der Misanthropie und der Angst vor allgemeiner Feindseligkeit.

---

[40] Ebd., S. 240.
[41] Ebd.
[42] Ebd., S. 245.
[43] Ebd., S. 246.

3 Jean Améry: *Lefeu oder Der Abbruch* (1974)

3.1 Zum Hintergrund des Romans

Ein Mensch ohne Frieden in sich, der nach keinem Frieden suchte, „senza pace e senza ricerca della pace"[44]: So beschrieb Primo Levi einmal, ins Schwarze treffend, die Hauptsignatur von Jean Amérys Persönlichkeit, von seinem ehemaligen Mitleidenden im Konzentrationslager Auschwitz und imaginären Gesprächspartner, von dem ihn allerdings ein grundsätzliches Anderssein in der Art und Weise der Vergangenheitsaufarbeitung trennte. Levi widmete ihm das sechste Kapitel seines Buches *I sommersi e i salvati* (1986), nicht so sehr in der Absicht, ihm Tribut zu zollen, obwohl er das auch tat, als vielmehr, um seine eigene Identität als Überlebender und Zeuge zu wahren gegenüber einer Radikalität in der Aufarbeitung, wie Améry sie in seinen Essays an den Tag legte, welche jede Hoffnung auf die eingeborene Güte im Menschen und jeden Wunsch, das Negative ins Positive umzuwenden (etwa nach Levis berühmter Formel von Auschwitz als „Universität des Lebens"), implizit beschämen musste.[45] Jedenfalls erfasste Levis Definition die Substanz der emotionellen und weltanschaulichen Haltung von Améry, die einzig und allein darauf ausgerichtet war, die wegen Tortur und Internierung verlorene Würde durch eine kämpferische Einstellung gegen alle vermeintlichen Gegner des Humanen wiederzugewinnen und zu schützen. Dies war in den sechziger und siebziger Jahren das wichtigste Anliegen dieses streitlustigen Essayisten, als in der Bundesrepublik die sogenannte „Bewältigung der Vergangenheit" ins Bewusstsein der deutschen Öffentlichkeit einzudringen begann, während in Österreich nach wie vor der Mythos des österreichischen Opferstatus währte. Bis der Prozess der Zurückeroberung der Würde nicht abgeschlossen ist, bis dahin gelte die Moral des Zurückschlagens – so etwa lautete Amérys wichtigster Glaubenssatz. War diese Attitüde der Frontstellung im Ton oft allerdings nur ein Signal für Bitternis angesichts der herrschenden Versöhnungsmoral, so wurde sie jedenfalls auf dem Hintergrund einer biografisch legitimierten Situation zum Hauptargument für eine kulturkritische Militanz im Namen des Humanen gegen jedweden Missbrauch der Individualität. Die *Résistance* war für den aus Österreich Vertriebenen nicht nur die einzige Art, seine Identität als Jude gegen die nationalsozialistische Aggression zu schützen, und dann, unmittelbar nach dem Krieg, für den Entwurzelten ein existentiell konno-

---

[44] Primo Levi: *Opere*, I. Torino: Einaudi, 1987, S. 754.

[45] Über das Améry-Levi-Verhältnis vgl. W.G. Sebald: *Jean Améry und Primo Levi*. In: Irene Heidelberger-Leonard (Hg.): *Über Jean Améry*. Heidelberg: Winter, 1990, S. 115-123.

tiertes Denkmittel zur geistigen und politischen Selbstpositionierung. Vielmehr wurde sie auch später für den Kulturkritiker in den Jahren des Wirtschaftswunders zum Synonym einer protestierenden Vernunft, zum Seismographen aller möglichen Gefährdungen des Individuellen. Amérys Protesthaltung richtete sich gegen die redselige Unverschämtheit ehemaliger Nazis ebenso wie gegen den menschlichen Typus des „Herrn Müller", wie diesen Primo Levi in seinem *Sistema periodico* (1975) beschrieb, das heißt zum einen gegen die ehemaligen Mitwisser und Mittäter, die ihr Gewissen mit bequemen Selbstfreisprechungen geschickt zu beruhigen wussten, zum anderen gegen die vom Wirtschaftswunder verwöhnten, ‚vergesslichen' Deutschen. Ziele der Attacken Amérys waren all diejenigen Standpunkte, die das freie Individuum zu unterminieren versuchten, in der Politik wie in der Philosophie. Und so darf sich keiner wundern, wenn Améry sich zu gleicher Zeit gegen die Intoleranz und die Gewalttätigkeit der außerparlamentarischen Linken wie gegen den philosophischen Strukturalismus wendete, da beide aus seiner Perspektive das Aussterben der Individualität als Kategorie theoretisierten. Auch die besondere Beachtung, die er der existenziellen Lebenslage des Alternden und des Selbstmörders schenkte, erhält ihren Antrieb aus der *Résistance* gegen allgemein herrschende Vorurteile, womit sich die Wohlstandsgesellschaft gegen Gefahren schützt. Denn sie versucht tatsächlich mit allen Mitteln, darin hatte Améry völlig recht, vorzüglich durch Relativierung, Verharmlosung und Bemitleidung das destruktive Potenzial, das verstärkt in der psychischen Konstitution eines an Selbstmord denkenden Menschen enthalten ist, zu entschärfen und zu verharmlosen. Kein Zufall dann, dass sich Améry in seinen Essays *Über das Altern* (1968) und *Hand an sich legen* (1976) intensiv eben diesen beiden Menschentypen widmete. Im ersten versuchte er mit Hilfe eines philosophischen Zwiegesprächs mit Marcel Proust, Jean-Paul Sartre, Simone de Beauvoir, André Gorz, Vladimir Jankélévitch, Henri Bergson und Eugène Minkowski, die konsolatorischen, höchst bequemen Klischees – etwa Resignationsadel oder Abendweisheit – zu desavouieren, mit denen traditionell das Profil des alternden Menschen kunstvoll retuschiert wird. Zeitentschwundenheit, das Hauptphänomen des Alterns, bringe dagegen notgedrungen Selbstentfremdung, Angst, Selbstabschottung, also lauter Eigenschaften des radikal fremden Menschen, mit sich. Ähnlich, aber noch verstärkter und radikaler, verhält es sich mit dem potenziellen Selbstmörder. Während beim Alternden die einzige Chance, mit Würde zu altern, darin liegt, in einer illusionslosen Koexistenz mit dem eigenen Scheitern weiterzuleben, lehnt es die Individualität durch den Freitod mutig ab, sich im *échec* komfortabel einzunisten. In *Hand an sich legen* entwickelte Améry Wittgensteins Auffassung des Suizids als Angelpunkt der Ethik weiter. Zentral nach der Vorstellung des Verfassers sind hier sowohl die Ablehnung der psychoanalytischen Theorien, die den Suizid als *libido* oder *destrudo* eines narzisstischen Subjekts vorschnell etikettieren, als auch die Revision des Begriffs vom „Todestrieb", den Freud zum ersten Mal in seinem Aufsatz *Jenseits des Lustprinzips* (1920) formulierte. Améry vertrat mit der ihm eigenen Energie den Standpunkt einer „Freiheit zum Tode" und einer zu wahrenden und zu respektierenden „Todesneigung", Begriffe, die seiner Ansicht nach in der Verfas-

28

sung der Individualität als seelische Disposition fest verankert sind. Kann man sich eine vehementere Verteidigung und extremere Auffassung der radikalen Fremdheit als die von Améry vorstellen?

Ein aufgeklärter Pessimismus, kein Nihilismus jedoch wie der eines Emil Cioran, kennzeichnet Amérys geistige Leistung. Diese Feststellung wird ausreichend durch seine Reden, Aufsätze und Kritiken bestätigt. Bewusst situierte Améry sein Denken in der Tradition der klassischen Aufklärung und empfand sich als deren Fortsetzer. Negatives Denken als „radikale Aufklärung": Diesen Weg ist er in seinen Schriften gegangen. Dass Aufklärung auch in instrumentelle Vernunft, in eine inhuman verwaltete Welt und weltverschmutzende Zivilisation ausarten kann und ausgeartet ist, wusste Améry nicht weniger als Theodor W. Adorno, Max Horkheimer, Claude Lévi-Strauss und Michel Foucault. Ihm widerstrebte jede pauschale Ablehnung, jede eilfertige Verwerfung der Aufklärung. Im Säkulum der Genozide, des Terrors, des Atomkriegs, der systematischen Verfolgung Andersdenkender hielt Améry unbeirrt an „unhintergehbarer Individualität" fest. Aufklärung, so meinte er, sei kein historisches Phänomen, sondern eine *philosophia perennis*. Dazu nahm Améry zeit seines Lebens mehrfach Stellung, wohl am repräsentativsten in seiner Hamburger Rede zur Verleihung des Lessingspreises, in der er sich zur strukturalistischen Mode vehement polemisch äußerte und sich für den Schutz der Individualität aussprach. Wer die Aufklärung verleugnet, meinte er, verzichtet auf die Erziehung des Menschengeschlechts. In seinem posthum erschienen Aufsatz *In den Wind gesprochen*, wohl seinem geistig-politischen Testament, trat Améry für eine „radikale Vernunft" ein. In dem Buch, in dem der Aufsatz erschien, dem 1979 von Axel Eggebrecht herausgegebenen Sammelband *Die zornigen alten Männer*, war Améry neben Autoren wie Walter Fabian, Eugen Kogon oder Heinrich Böll der Einzige, der eine Klage gegen die das freie Individuum verachtende linke Intoleranz in ganz Europa erhob und ernüchternd auf das Beispiel von Arthur Koestler und Ignazio Silone hinwies. Wie einer, der weiß, dass er bald abtreten wird, trat er für berechtigten „Zorn" ein, und zwar für eine „radikale Vernunft", die vor allem dem freien Individuum dienen muss.

In seinem Roman-Essay *Lefeu oder Der Abbruch* setzte Améry dem österreichisch-jüdischen Maler Erich Schmid (1908-1984), mit dem er seit den Wiener Jahren befreundet war, ein Denkmal. Mit ihm hatte er sich bereits in einem Aufsatz beschäftigt.[46] Als österreichischer Jude hatte Schmid genauso wie Améry nach einer langen Odyssee durch mehrere Staaten und Internierungslager überlebt. Die Gemälde, die im Roman genannt werden und an Werke Oskar Kokoschkas, eines Förderers von Schmids Talent, erinnern, deuten sehr deutlich auf

---

[46] Jean Améry: *Die Neuen Mönche. Bildnisse (un)berühmter Zeitgenossen. Unbekannter Maler E.S.*. In: Claudia Widder, Roland Widder (Hgg.): *Erich Schmid, Wien 1908 – Paris 1984*. Wien: Bibliothek der Provinz, 2002, S. 31-36. Zuerst erschienen in der Sonntagsausgabe des St. Galler Tagblatts vom 5.4.1959.

Schmid hin. Der Protagonist und Erzähler des Romans, der Maler Feuermann alias Lefeu, malt wie Schmid, jedoch gehören seine Herkunft, sein Doppelname, sein literarisches und philosophisches Wissen, dazu die vielen Zitate unmissverständlich Jean Améry.[47]

3.2   Lefeu als radikal fremder Künstler

Seine Lebensbahn stilisiert Lefeu bis zum gescheiterten Autodafé am Romanende als Verweigerungsgeste, als Verzicht auf Selbstidentifikation mit der anbrechenden Massenkultur, die das Kunstverständnis, so glaubt der Maler, durch den Triumph der Banalität und des Konformismus geradezu erdrossele. Wie Bernhards Konrad sondert sich auch Lefeu ab und verlebt seine unruhigen Tage in seiner „Hochgrotte"[48], wie er seine in einer imaginären „Rue Roquentin"[49] liegende Wohnung nennt. Lefeu ekelt sich vor allem vor dem Falschglanz der verschiedenen künstlerischen Moden und verteidigt seine expressionistisch anmutende Kunst als letzte Bastion gegen alle Kunst-Scharlatanerie, die mit dem Funktionalismus und mit dem Klischeehaften kokettiert, um bei dem in seinem Geschmack manipulierten Kaufpublikum gut anzukommen. Deswegen zieht sich Lefeu vor dem ökonomischen Wettbewerb, vor dem leichten Erfolg zurück und bevorzugt es, in einer schäbigen, verfallenden, ihm aber intim vertrauten Atelier-Wohnung auszuharren. Hier kann er, seinem Malstil treu bleibend, die eigene Persönlichkeit, die eines philosophierenden Malers, der keine Kompromisse mit dem herrschenden Geschmack eingeht, gegenüber den Allüren des Kunstmarkts am besten bewahren. Dass das Mietshaus, in dem auch seine Wohnung liegt, abgerissen werden muss, damit an dessen Stelle neue Appartements im Sinne des Zeitgeschmacks gebaut werden können, ist ihm Grund genug, Widerstand zu leisten und die von der Immobilienfirma angebotene Abfindung abzulehnen. Denn Lefeu widersetzt sich angeblich auch legal der Arroganz der Bauherren und dem Konsens der Stadtgemeinde, die die angenehm bröckelnde Altstadt zum Verschwinden bringen wollen, um sie im Zuge der Modernisierung durch glitzernde Fassaden aus Stahl und Beton, durch neue, funktionale, allerdings auch anonyme, hässliche Wohnblöcke oder Büros zu ersetzen. Das 5. Arrondissement, das älteste der Pariser Arrondissements, ist ihm, wie schon auch Erich Schmid, mit seinen engen Gassen, seinen kleinen Läden, Epicerien, verfallenden Stundenhotels, seinen bescheidenen Häusern, mit seinen Clochards unersetzlicher

---

[47]   Zu der Freundschaft zwischen Schmid und Améry ebenso wie zu Amérys Roman im Detail vgl. Ivonn Kappel: *„In fremden Spiegeln sehen wir das eigene Bild. Jean Amérys* Lefeu oder Der Abbruch. Würzburg: Königshausen & Neumann, 2009.

[48]   Améry: *Lefeu oder Der Abbruch*, S. 15.

[49]   Antoine Roquentin hieß bekanntlich der Protagonist von Jean-Paul Sartres Roman *La nausée* (1938).

Stoff für seine Bilder.[50] Lefeus Forderung klingt heutzutage prophetisch im Vergleich zu den sechziger und siebziger Jahren des vergangenen Jahrhunderts, als die Kultur der Restaurierung alter Häuser in den Stadtzentren als Alternative zum Neubauen noch in den Anfängen steckte oder gar nicht vorhanden war. Mit vollem Recht spricht der Maler von den „Wohntermiten"[51], die die neue Wohnkultur schaffen will, ohne Respekt für das Leben und die Bedürfnisse der Individuen. Außerdem hat Lefeu zu seinem Heim, in dem alle Erinnerungen aufbewahrt, wo alle Bilder entstanden sind und ausgeführt wurden, begreiflicherweise ein ganz besonderes Verhältnis entwickelt, als erstrebe er es, mit ihm zu verschmelzen.

Vereinsamt lebt der Maler in dem zum Abriss bestimmten Gebäude, wo einmal auch andere Künstler lebten, die inzwischen weggegangen sind, weil sie jede Hoffnung auf ein weiteres Dableiben aufgegeben haben oder weil sie keinen Respekt für das Alte hatten. Nur seine problematische Lebensgefährtin Irene ist ihm übrig geblieben, die, von einem schleichenden Wahnsinn getrieben, schweigsam in ihrer Welt von lyrischen, unzusammenhängenden Wortfetzen lebt und jeden Bezug zur Wirklichkeit verloren zu haben scheint. Lefeus Widerstand geschieht nicht nur im eigenen Interesse; dieser Widerstand ist zum einen eine politisch motivierte Reaktion auf ein nur scheinbar menschenfreundliches Anliegen, hinter dem aber ökonomische Interessen stehen, zum anderen ein symbolisches Verhalten im Namen eines Kunstverständnisses, das individuelles Erleben, erlebte Räume, veraltete Architektur, langsam vergehende Dinge zu schätzen weiß. Lefeus Bilder, mit pastos aufgetragenen Farben versehen, in denen die Konturen der Dinge und Gegenstände zugunsten des schmelzenden Lichts und der welligen Linien zu verschwinden und einer heimlichen Geistigkeit zu frönen scheinen, vertreten die Faszination einer vergangenen Kunstempfindung zur Zeit der überall herrschenden Tendenz zur Dekoration und zur Strukturierung der Malfläche. So begriff Améry selbst den Kunststil seines Freundes Schmid am Anfang der siebziger Jahre und beabsichtigte, ihn kunstphilosophisch und zeitkritisch zu begründen. Besuche bekommt Lefeu nur von Galeristen aus Deutschland, die seine Kunst gerne vermarkten würden, und von seinem Freund Monsieur Jacques, dem Direktor einer Pariser Kunstgalerie, auch er jüdischer Abstammung wie sein Gastgeber. Amérys Roman-Essay ist strukturiert wie ein Versuch, durch eine illusionistische Sprachform und ein dichtes Netz von intertextuellen Assoziationen ein vielfarbiges Selbstporträt auszuführen, das stets im Imaginären schweben soll. Aus diesem Grund ist der Text in Form eines ausgedehnten, oft ausufernden Selbstgesprächs gebaut, in dem Erinnerungen, philoso-

---

[50] Allerdings ist die rue Rollin, wo Schmid wohnte, noch heute eine der im Originalzustand am besten erhaltenen Gassen im 5. Arrondissement. Sie liegt jedoch im Viertel Saint-Victor, dem siebzehnten *quartier administratif* der Stadt, wo tatsächlich Gebäude anzutreffen sind wie diejenigen, die Lefeu zuwider sind.

[51] Améry: *Lefeu oder Der Abbruch*, S. 108.

phisch-ästhetische Gedanken und Dialogfetzen zu einem Ganzen verdichtet werden.

Fast das gesamte Geschehen ist in Lefeus Wohnung verortet. Nur ein einziges Mal verlässt der Maler sein Refugium, um zusammen mit Jacques in dessen Auto zu einer Ausstellung in Pau zu fahren. Als die Freunde aber in die Nähe des ehemaligen Konzentrationslagers Gurs gelangen, wo auch Schmid und Améry interniert waren, wird Lefeu sowohl von der schmerzhaften Erinnerung an die Leidenserfahrungen in Gurs als auch von dem Zorn auf seine französischen Verfolger von einst, die Vichy-Kollaborateure, übermannt. Über die Fortsetzung der Reise wird im Roman nichts mehr berichtet. Stattdessen öffnet sich im Textgefüge die Perspektive zum einen auf den zum Suizid neigenden pathologischen Selbsthass des Juden, der seine Glaubensgenossen ‚unbegreiflicherweise' überlebt hat, zum anderen auf das Einzelgängertum des Künstlers, der sich als marginalisiert und überflüssig empfindet und nicht von Profiteuren in die Enge getrieben werden will. Beide Motivationen drängen Lefeu dazu, in einem letzten symbolischen Akt von *action painting* und Selbstauslöschung, sein letztes Bild *Paris brûle* und sich selber anzuzünden. Der „Feuermann" will zu einem „Feuerreiter" werden wie etwa in Eduard Mörikes gleichnamigem Gedicht. Die Emphase ist groß, der Epilog aber fällt bescheiden aus. Der leicht verletzte Maler wird ins Krankenhaus gebracht, wo er „nur" an einem Herzinfarkt sterben wird. Das Selbstidentifikationsmuster einer derartigen Lebenskurve ist wohl Vincent van Gogh, dessen Name im Roman in Verbindung mit dem Protagonisten einmal auftaucht, auch er, wie allgemein bekannt, ein rebellischer Künstler und ein Halbwahnsinniger, der in einem letzten Akt von Selbstbefreiung doch erfolgreich Hand an sich legte. Auch Erich Schmids Bilder erinnern tatsächlich an van Goghs Malstil. Lefeus Bildersprache ist, wenn man die Bildbeschreibungen im Roman präsent hat, nicht so aggressiv, wie sein Groll uns denken lassen könnte, und auch nicht so dramatisch, wie die der Expressionisten der *Brücke*, die Schmid in seiner Jugend beeinflusst haben. Auch der Grundton seiner Meditationen ist nicht angriffslustig, sondern eher resignativ-melancholisch, ironisch und selbstironisch. Im Grunde ist Amérys Titelgestalt ein leiser Mensch, der Landschaftsbilder zu inneren Selbstbildnissen macht. Er verkörpert radikale Fremdheit als eine in sich gekehrte und melancholische Protesthaltung, die ohne Lärm und Popanz nach Gleichgesinnten sucht.

Identitätsstiftend für Lefeus Selbstwahrnehmung als radikal fremder Künstler, der in der anbrechenden Massenkultur-Epoche nur auf sich gestellt ist und seinen schöpferischen Weg allein geht, ohne sich mit den Kunstkonzepten seiner Kollegen solidarisch zu fühlen, ist seine kunstphilosophische Konzeption, die im Roman breiten Raum einnimmt und mit vielen literarischen Reminiszenzen und auch mit nicht wenigen schroffen Urteilen zu Künstlern und Künstlerbewegungen vermengt ist. Obwohl Améry in seinem Roman-Essay nicht explizit auf Gedanken der Frankfurter Schule verweist, erscheint Lefeus Standpunkt verständlicher, wenn man ihn dem Kulturpessimismus von Theodor W. Adorno und Max

Horkheimer bezüglich der demokratischen Massenkultur und der Kulturindustrie gegenübergestellt. Eine deutliche Distanz ist jedenfalls zu vermerken, da Lefeu hartnäckig an aufklärerischer Ratio festhält, solche nicht als Mythos der künftig verwalteten Welt denunziert und von der geschmacklosen, konventionellen Nivellierung der Massenkultur deutlich getrennt hält. Außerdem hat Lefeus Ästhetik starke Anklänge an die von der Frankfurter Schule verpönte Dekadenz. Für Lefeu hat moderne Kunst in seiner Epoche überwiegend eine affirmative Rolle, da sie sich kaum offen kritisch gegen die Gesellschaft stellt, wobei ihr von mächtigen Privatinteressen kreierter Anspruch, so meint er, nicht auf Argumenten, sondern auf Stereotypen und schnell zu nutzenden Symbolen basiere. Unbrauchbar für den affirmativen Gestus der modernen Kunst ist indes Lefeus Leitidee der „Verfalls-Verfallenheit"[52], der er sich als Künstler einschränkungslos verschreibt, da die damit einhergehende Darstellung des Verfalls, seiner Meinung nach, nach Vielfalt, Ausdifferenzierung und deshalb nach farbiger Facettierung verlange, um degradierte Objekte und Gegenstände zu Kunstmaterialien zu erhöhen.

„Destrukturation" sei nach Lefeu das privilegierte Arbeitsmaterial des Malers. „Das tiefe Behagen an der Destrukturation ist eine vertrackte Form der Lebensfreude. Mit solcher Erkenntnis wird auch jede auf Funktionalität beruhende Ästhetik unverbindlich."[53] Kunst brauche deshalb keinesfalls den utilitären, funktionalen Schönheitsbegriff, moniert Lefeu, vielmehr seien ihr die Zwecklosigkeit, die Selbstreferentialität und vor allem das Interesse für den Verfall angemessen, weil das Leben im Vergehen und Verfallen seine Zeitverbundenheit expliziere. Lefeu ergreift also für eine auratische, ästhetizistische Kunstauffassung Partei, die vor allem die wirtschaftliche Nutzbarkeit des künstlerischen Artefakts von vornherein ablehnt. Den kritischen Blick auf die Funktionalisierung von Kunst in der Gesellschaft teilt Améry mit Martin Heidegger, Niklas Luhmann und Adorno. Trotzdem erscheint auch bei ihm der verbindliche, normative Anspruch dieser Auffassung nach wie vor als hochgradig problematisch. Deshalb muss hier Lefeus kunstphilosophisches Programm als eine historische Zeiterscheinung betrachtet werden, und zwar als die dennoch legitime Reaktion eines Unzeitgemäßen, der die Anpassungsbereitschaft gewisser Künstler und künstlerischer Ausrichtungen als Verrat an der Differenziertheit und an der Autonomie der Kunst ablehnt.

„Verfall" ist die wichtigste Chiffre in Lefeus auf Protest ausgerichtetem Kunstverständnis, da sie der Zeituntertänigkeit verschrieben ist und Freude auf Zeitvergehen verspricht. Das verfallende Haus in der Rue Roquentin als potenzielles Bildmaterial erscheint dem Protagonisten dieses Romans mit Recht als der künstlerisch verwertbare Skandal des unbrauchbaren Lebens, zugleich als ein

---

[52] Ebd., S. 11.
[53] Ebd., S. 13.

Sinnbild für die detektivischen, kontemplativen Ansprüche des Künstlers, der keine herkömmlichen Vorstellungen von Zivilisiertheit zu pflegen braucht und im Hässlichen sehr gut gedeihen kann.

In den Augen Lefeus ist „Verfall" langsam, lind und melodisch, ein wunderbares Umfeld, um Bildgeschichten des Vergehens zu erzählen, was eine glatte, saubere, farbig helle Oberfläche im Stile etwa eines Piet Mondrian (1872-1944) nicht tun könnte. Die Anlehnung an die ästhetizistische Optik der Novelle *Der Tod in Venedig* des von Améry hochgeschätzten Thomas Mann ist im Roman auffallend. Sie braucht hier nicht sonderlich hervorgehoben zu werden. Im Einklang mit Manns Ästhetizismus ist das Schöne auch in diesem Roman-Essay das Gegenteil des Bequemen, Glatten, Gesunden und Lebenskräftigen. Es kann zum Beispiel, „auch ein altersgraues, von Runzeln in hoher grafischer Kunst durchgezeichnetes und gezeichnetes Antlitz"[54] sein. Sagt hier Lefeu etwas Revolutionäres? Keineswegs. Die Geschichte der Malerei und der Fotografie ist voll von Gesichtern älterer Menschen, die nach einem oberflächlichen (schönheitschirurgischen) Urteilskanon „hässlich" wären, während sie für den Künstlerblick, der ganz besonders die Freude am Empirischen und an den einzelnen Individuen in ihrer Einmaligkeit pflegt, zum „interessanten" ästhetischen Objekt werden.

Es ist dann kein Zufall, wenn Lefeu im Verlauf des Romans an einem Bild arbeitet, das tatsächlich eines der ausdrucksstärksten, von Erich Schmid ausgeführten Porträts ist, nämlich *L'oiseau de malheur* (1956), das Améry bereits 1959 in dem oben erwähnten Aufsatz *Die neuen Mönche* gewürdigt hatte.[55] Das Werden dieses Bildes mit seinem finsteren, schmerzhaften Realismus prägt den Roman bis zum Ende. Wie bei Thomas Bernhard das „Kalkwerk" eine örtliche Allegorie der radikalen Fremdheit als *conditio humana* ist, so ist der Unheil ankündigende Vogel in Amérys Roman-Essay die perfekte allegorische Personifikation für das zersetzte, zerfurchte, halluzinierte Ich des radikal fremden Menschen. Lefeus Selbstporträt ist auch eines des Romanautors, der sich mit dem Bild seines Freundes Schmid identifizierte. Der Titel des Bildes deutet darauf hin, dass der radikal fremde Künstler seiner Epoche Unheil und Unglück prophezeit, weil sie durch ihr klischeehaftes Kunstverständnis, durch die Bevorzugung einer standardisierten und profitorientierten Ästhetik einen Verrat an der „unhintergehbaren Individualität" begangen hat.

Der Kampf um die Verteidigung und die Wiedererlangung der Individualität war, wie bereits oben angedeutet, eines der wichtigsten Anliegen des Schriftstellers Jean Améry.[56] Das Bild des *malheur* ankündigenden Vogels zusammen mit dem des „Feuerreiters", das auch den Roman durchzieht und Eduard Mörikes

---

[54] Ebd., S. 14.
[55] Schmids Bild kam vermutlich als Geschenk in den Besitz von Jean Améry und hing in seiner Brüsseler Wohnung.
[56] Vgl. Eugenio Spedicato: *Per un ritratto di Jean Améry*. In: *Lingua e Letteratura*, 16 (1991), S. 78-114.

gleichnamigem Gedicht entstammt, dient dazu, die zwei wichtigsten Persönlichkeitsmerkmale des Protagonisten zu illustrieren, und zwar zum einen die Protesthaltung gegenüber einem Schönheitsbegriff, der das Humane im Sinne der leidenden Individualität zugunsten des Dekorativen, des falschen Glanzes, des Gesunden vernachlässigt, zum anderen die Neigung zu einem ressentimentgeladenen Widerstand, der selbstzerstörerische Züge aufweist. Lefeu charakterisiert sich, ganz ähnlich wie sich Améry selbst, als einen „Neinsager" und reklamiert für sich das Recht auf Selbstverweigerung gegenüber all denjenigen Trends, nicht nur in den figurativen Künsten, sondern auch im Literaturbetrieb und in der Philosophie, die in ihren grundlegenden Ansätzen den Zivilisationsbruch der Shoah nicht mitdenken und deren Vertreter deswegen bereit sind, das Individuum als Kategorie im Sinne der Existenzphilosophie für überholt zu erklären. Diese Selbstverweigerung ist zugleich eine moralische Haltung und ein ästhetisches Programm, wie der Roman dem Leser vor Augen führen will.[57] Unübersehbar sind dabei gewisse Ähnlichkeiten zwischen Lefeu und W.G. Sebalds späterer Romanfigur Austerlitz auf der Grundlage der gemeinsamen traumatischen Vergangenheit, die in den Tiefen ihrer Existenz vergraben liegt, bis sie aus ihnen herausbricht.[58]

Es wäre aber dem Geist des Romans nicht angemessen, wenn man darin nur eine „Phänomenologie der Erinnerung", eine „Wahrnehmungsschule der Erinnerung"[59] wiedererkennen würde. Die eigenständige kunstphilosophische Dimension muss hervorgehoben werden, sie steht im Dienste des Individuums und des Vergehens als existenzielle Kategorien. Prägend für die Kunstphilosophie Amérys ist zudem die Auffassung von der Shoah als Zivilisationsbruch, der als historisch, ethisch und ästhetisch orientierender Begriff anerkannt wird; nicht zuletzt ist Amérys Kunstphilosophie auch ein Ausdruck der radikalen Fremdheit des Künstlers bzw. des Schriftstellers in einem Zeitalter, das „sich lärmend und

[57] Vgl. hierzu auch Markus Zisselberger: *Aufbrechen/Abbrechen: Toward an Aesthetic of Resistance in Jean Amérys Novel-Essay* Lefeu oder Der Abbruch. In: Magdalena Zolkos (ed. by): *On Jean Améry. Philosophy of Catastrophe*. Lanham: Lexington Books, 2011, S. 151-192, bes. S. 161ff.

[58] Dazu vgl. Irene Heidelberger-Leonard/Mireille Tabah (Hgg.): *Zwischen Aneignung und Restitution. Die Beschreibung des Unglücks von W.G. Sebald. Versuch einer Annäherung*. In: Irene Heidelberger-Leonard (Hg.): *W.G. Sebald. Intertextualität und Topografie*. Berlin: LIT, 2008, S. 9-23, bes. S. 17ff.

[59] Vgl. Sylvia Weiler: *„[D]as Problem der Zukunft [...] als offene Wunde des Geistes". Die Ästhetik als Phänomenologie der Erinnerungs in Jean Amérys Roman-Essay „Lefeu oder der Abbruch"*. In: Irene Heidelberger-Leonard/Irmela von der Lühe (Hgg.): *Seiner Zeit voraus. Jean Améry – ein Klassiker der Zukunft?* Göttingen: Wallstein 2009, S. 75-90, hier S. 75.

glänzend in neuer Malerei, Dichtung, Architektur, Soziologie" niederlege und dem „Wettkampf" und der „Selektion" verschworen sei.[60]

Darin irrt sich Lefeu kaum: Wettkampf und Selektion, ins Extreme gesteigert, sind, wie im Kontext des vorliegenden Buches das Kapitel über Goetz' *Holtrop* aufzeigen soll, Basisbegriffe derjenigen kapitalistischen Mentalität, die kaum oder nur zum Schein liberale Grenzen und Korrektive duldet; in extremster Ausprägung waren beide Begriffe zuvor schon Axiome der nationalsozialistischen Alltagskultur und Eugenetik. Doch schwankt auch Lefeu nicht anders als der Romanautor zwischen Revolte und Resignation und ist begreiflicherweise keineswegs geneigt, aus seinen Überzeugungen handfeste Wahrheiten zu machen, wohlwissend dass er auch nur einen subjektiven und mit der Zeit vergehenden Standpunkt vertritt. „Das ganz und gar Andere muß eine geistige Leerstelle bleiben, wenn man sich nicht selbst betrügen will."[61] Handfest, wenngleich auch stets konjektural, ist für den malenden Lefeu einzig und allein der Gebrauch der Farben. „Das Lampengelb muß wohl dicker sein, muß tröpfeln und in die Nachtschwärze hineinrinnen. Links oben könnte der Himmel aus dem Schwarz erst in vertieftes Grau und dann in finsteres Rostrot hinüberspielen."[62] Ineinanderfließende Farben, sensualistische Wahrnehmung, Gegenständlichkeit und Suche nach Präzision in der Ausführung, als wäre ein Neopositivismus der Farben möglich: Aktuelle Trends haben für den radikal fremden Künstler, der in erster Linie nur sich selbst befragt, wenig Bedeutung. „Man hat schon alles mitangesehen, abstrakt und Pop und Op und den Realismus, sozialkritischen oder fantastischen, gleichviel, es kam und verschwand, so schnell, daß einem Hören und Sehen verging [...]".[63] Resignative Selbstbezüglichkeit angesichts des schnellen Aufeinanderfolgens von Stilen, die pünktlich verschwinden, weil sie den vorübergehenden Bedürfnissen des Kunstmarkts gehorchen, ist für den skeptischen Lefeu kaum zu vermeiden: „Sich in nichts einlassen. Am Lager kauern. Eine Gauloise."[64] Stolz besteht er auf seiner Autonomie als Künstler, auf seinem Recht auf Fremdsein in einer Welt, der er sich nicht zugehörig fühlt: „Ich gebe der Erfahrung, was ihrer ist – und salviere mir meine Unabhängigkeit."[65]

Unzeitgemäßheit ist Lefeus Haupteigenschaft. Indem er sich als ein Unzeitgemäßer versteht, verstrickt sich Lefeu bewusst in unlösbare Widersprüche. Der Anspruch auf irreduzibles Fremdsein kann sich auf keine logische Begründung stützen, eher nur auf ein existenzielles Recht auf Selbstabgrenzung, auf die emotionelle innere Realität der Selbstabsonderung. Lefeu kann dann von sich in einem Akt von Anmaßung behaupten, dass er allein seine ganze Welt sei. Diese

---

[60] Améry: *Lefeu oder Der Abbruch*, S. 21.
[61] Ebd., S. 22.
[62] Ebd., S. 23.
[63] Ebd., S. 40.
[64] Ebd., S. 41.
[65] Ebd., S. 101.

Feststellung wäre tatsächlich auf der Grundlage seiner Biografie und seiner individuellen Präferenzen besonders angemessen zu rechtfertigen. Schließlich sucht er auch nicht nach Legitimation und ist sich dessen bewusst, dass seine vermeintliche Einzigartigkeit auf nichts gegründet ist. Lefeus Lebensgeschichte ist die eines verfolgten Juden und Künstlers, der, wie er selbst erzählt, für die *Résistance* gekämpft hat und Malerei als aussagekräftige Sprache benutzt. Der Hauptsinn dieser Sprache läge darin, das alle Menschen und Dinge miteinander verbindende Vergehen als das wichtigste Kunstobjekt überhaupt zu betrachten.

Ein fester Bestandteil von Lefeus Individualität ist das kulturelle Netz von Wissensfragmenten, das er zeit seines Lebens in seinem Kopf gespannt hat. Die Maschen dieses Netzes als Reminiszenzen zu rubrizieren, wäre etwas reduktiv. Lefeu benutzt sie als feste Bestandteile seiner Ich-Konstitution, als Orientierungspunkte seines inneren Koordinatensystems, die einen vielfältigen Zusammenhang von Querbezügen, Begriffen, Suggestionen, inspirierenden Bildern mit einbeziehen. Seine Verfallsästhetik erhält damit eine deutliche Bereicherung; sie zeigt hiermit ihren Anschluss an das Motiv des „Unglücks", das in den Roman durch den *Oiseau de malheur* Einzug hält. Lefeu verzichtet auf stichhaltige Logik und nimmt für sich die Sprache der Emotionalität in Anspruch, die der erlebten Immanenz unterworfenen. Tatsächlich bedeutet „Unglück" im Gebiet der Logik nichts Nachvollziehbares. Es ist ausschließlich ein mythischer Begriff, der nur eine subjektive, emotionelle Berechtigung beanspruchen kann. Lefeus Verfallsästhetik ist eine Ästhetik der radikalen Fremdheit, die im ästhetizistischen Schönheitsbegriff verankert ist. Das „Unglück" oder das „Unheil", das *malheur* also, entstammt einem anarchistischen Individualismus, der sich die passendsten Motive aussucht, welche sein Fremdsein erläutern und erhellen.

So entsteht Lefeus dichterisches Selbstporträt neben dem malerischen, und zwar aus dem verschiedensten Baumaterial, das mal wie ein Leitmotiv, mal vereinzelt und verstreut auftaucht. Dazu gehören mehr oder weniger originaltreue Versteile von Rainer Maria Rilke („wie die Innenseite von einer Frucht, die an der Luft verdirbt" aus *Der Tod des Dichters*, auf das Gesicht des sterbenden Dichters bezogen), August von Platen („Wer die Schönheit angeschaut mit Augen/Ist dem Tode schon anheimgegeben"; „er möchte wie ein Quell versiegen", beide Zitate aus *Tristan*), Albert Ehrenstein („und eine große Hurenfut, die wird mein Grab wohl sein" aus *Seelengesang*), Richard Beer-Hofmann („Keiner kann keinem Gefährte hier sein" aus *Schlaflied für Mirjam*) und Eduard Mörike („O flaumenleichte Zeit der dunkeln Frühe" aus *An einem Wintermorgen, vor Sonnenaufgang*; „Gelassen stieg die Nacht ans Land" aus *Um Mitternacht*; „Schaut, da sprengt er wüthend schier" und „Husch! da fällt's in Asche ab" und andere Fragmente aus *Der Feuerreiter*). Auch einzelne Worte oder Sätze von Thomas Mann („durchhalten" aus *Der Tod in Venedig*), Émile Zola („Kunst ist ein Stück Natur, gesehen durch ein Temperament" aus *Was ich nicht leiden mag*), Ludwig Wittgenstein („Die Welt ist alles, was der Fall ist" aus dem *Tractatus logico-philosophicus*) werden wie Schlagworte benutzt, um Lefeus innere und geistige Welt abzubilden. Dieses geistige Kompositum wird für Lefeu zu einer Ersatzheimat, der er sich einschränkungslos und nicht ohne eine gewisse gesunde Arroganz anheimgibt.

4   Joseph Zoderer: *Die Walsche* (1982)

4.1   Ein Gefühl erdrückender Fremdheit

Verachtungsvolle, ideologisch-nationalistisch begründete Ausgrenzung ist die zentrale Semantik in *Die Walsche* von Joseph Zoderer. Sie wird nicht als eine vorübergehende Lebensbefindlichkeit dargestellt, deren Ursachen mit Hilfe eines verstärkten Integrationswillens ausgeräumt werden können. Zoderer beschreibt sie als einen bleibenden Zustand. Damit meinte Zoderer selbstverständlich nicht, dass sich Südtiroler und Italiener für immer als Fremde gegenüberstehen werden. Er konzentrierte sich vielmehr auf ein typisches Auseinandergehen von Menschen verschiedener Nationalität, das in den unterschiedlichsten örtlichen und zeitlichen Zusammenhängen wiederkehren kann. Die radikale Gespaltenheit im Selbst, die im Roman thematisiert wird, kann zu jeder Zeit und an jedem Ort wieder auftreten und ähnliche Phänomene zeitigen. Im Roman werden keine Fragen nach Fremdheit als relativer Größe, nach ethnischer Fremdheit also, aufgeworfen, die überwunden werden könnte; es geht vielmehr um die radikale Fremdheit als zentrale Problematik, die über das Ethnische hinausweist und Fremdmachen und Selbstentfremdung ohne Hoffnung auf erfolgreiche Einbindung impliziert.

Der historisch dokumentierte, heute nicht mehr so aktuelle, wohl aber nicht ganz verschwundene Antiitalianismus in Südtirol bildet den Hintergrund des Romangeschehens. Dennoch erzählt Zoderer, dies muss hier wiederholt werden, keineswegs etwas nur Lokales; vielmehr schildert er eine Lebenskonstellation der Moderne: Es geht um das basale Gefühl der Ausgesetztheit in einem marginalisierten Individuum, das in einer feindseligen sozialen Umwelt, und sei es auch nur für kurze Zeit, leben und um sein Recht kämpfen muss, damit es sich gegen die Aggressivität von Vertretern konformistischer und autoritärer Lebensvorstellungen durchsetzen kann. Nicht zufällig endet der Roman mit einer kleinen Mutprobe, die nur mäßig bestanden wird und doch als ein Signal für geistige Autonomie interpretiert werden kann. „Ich bin ein feiges Luder"[66], sagt sich vorwurfsvoll die Südtiroler Protagonistin Olga zu Beginn des Romans, weil sie aus Furcht ihren italienischen Freund nicht zur Beerdigung ihres Vaters ins Heimatsdorf mitgebracht hat. Aber drei Tage später küsst sie den Rücken ihrer Hand aus Dankbarkeit dafür, dass sie wenigstens versucht hat, einem der ihr feindselig ge-

---

[66]   Joseph Zoderer: *Die Walsche. Roman.* Mit Materialien aus dem Vorlass des Autors sowie Beiträgen von Sigurd Paul Schleichl und Irene Zanol. Innsbruck-Wien: Haymon, 2016, S. 7.

sonnenen Dörfler, der aus Bosheit ihrem spastischen Stiefbruder ein Beinchen gestellt hatte, eine Ohrfeige zu verpassen.

Es ist ein Verdienst der kritischen Literatur zu Zoderers Südtirolromanen den Hintergrund des Antiitalianismus ausgeleuchtet zu haben.[67] Der Romaninhalt in *Die Walsche* geht jedoch darüber hinaus. Der Text erzählt von Herabwürdigung, von einem unheilbaren Leiden, das aus Einsamkeit und Verzweiflung herrührt, und zudem von Grausamkeit als existenzgebundener Grunderscheinung. Der Macht der Ausgrenzung entspricht als Korrelat die Anfälligkeit des Opfers, das sich dieser Macht kaum entziehen kann. Nur Flucht könnte helfen. Die drei Akteure dieses Prozesses sind im Roman a) die Bewohner des Bergdorfes, besonders die Männer, b) der Dorflehrer, der sich zu Tode getrunken und zuvor sein verpfuschtes Leben durch Aneignung des allgemeinen Antiitalianismus vergeblich mit Sinn zu erfüllen versucht hat, c) Olga, die 35-jährige Tochter des Dorflehrers, „die Walsche" und deshalb Zielscheibe kollektiver Verachtung.

Ist Olgas Vater sein Leben lang, trotz seines Wunsches nach mehr Freiheit, im Dorf geblieben, weil er es bis zuletzt als seine Welt betrachtet hat, hat Olga sich dagegen schon als Mädchen dem Druck des engen Lebens im „Bergloch" entzogen, da sie zusammen mit ihrer Mutter Dorf und Vater verlassen und in der Stadt (Bozen) ein neues Leben begonnen hat. Nach dem Tod des Vaters muss sie die damit verbundenen Angelegenheiten erledigen. Dabei merkt sie, dass die Kluft zwischen ihr und den Dorfbewohnern nicht tiefer sein könnte. Die Dorfleute, besonders die Männer, hassen Olga wegen ihrer italienischen Freunde und verheimlichen ihr ihre Abneigung keineswegs, obwohl es während ihres Aufenthalts im Dorf niemals offen zum Krach kommt. Olga reagiert darauf ohne Scheu oder Schuldgefühl, sie empfindet deutlich, dass die Dorfbewohner versuchen, durch ihre Feindseligkeit vermeintlich minderwertige Menschen auszustoßen. Die Italiener sind „Verräter", „Idioten", „Deppen" im Jargon der Dorfwelt und Olga selber gilt als minderwertige Nestbeschmutzerin. Die Ausgrenzung trifft auch Florian, Olgas spastischen Halbbruder.

Olgas Pflichtaufenthalt im Heimatort löst in ihr eine Kette von Gedanken und Reminiszenzen aus. Der Tod ihres Vaters trifft sie nicht besonders hart, da sie sich im Lauf der Zeit von ihm besonders wegen seiner Verschrobenheit distanziert hat. Ihr ehemaliges Wohnhaus, in dem sie immerhin ihre Kindheit verbracht hat, lässt sie emotionell kalt und ruft in ihr nur unangenehme Erinnerungsfetzen hervor. Mit Florian, den ihr Vater mit einer anderen Frau gezeugt hat, nachdem seine erste Frau, Olgas Mutter, ihn verlassen hat, kann sie kaum etwas anfangen. Sie fühlt für ihn nicht einmal Mitleid, allenfalls lösen Gedanken an den Halbbruder bei ihr Traurigkeit aus. Olga rekapituliert während ihres Pflichtaufenthalts ihr

---

[67] Ausführlich dazu vgl. Bernhard Arnold Kruse: *Wider den Nationalismus – oder von den Schwierigkeiten eines interkulturellen Lebens. Zu den Südtirolromanen von Joseph Zoderer*. Bielefeld: Aisthesis, 2012, bes. S. 186-249.

Leben und versucht, sich Klarheit über ihre Existenz zwischen zwei Welten zu verschaffen, nämlich eine Existenz zwischen der italienischen Stadtwelt, in der sie sich trotz scheinbar geglückter Integration noch immer nicht zu Hause fühlt, und der Bergdorfwelt, mit der sie nichts mehr zu schaffen hat, wenngleich sie noch keine endgültige Trennlinie gezogen hat. Zugleich versucht sie, aus dem Leben ihres Vaters anlässlich seines Todes eine Art Bilanz zu ziehen.

Schwerwiegend ist die Macht des Dorfes. Es hat Leben und Schicksal von Olgas Familie geprägt und zu deren Zerfall beigetragen; die antiitalienische Gesinnung der Dorfleute beeinflusst noch immer Olgas Reaktionen, da sie aus Furcht vor Scherereien und Belästigungen ihrem Freund Silvano verboten hat, sie zu begleiten. Olgas früheste Erinnerungen sind einhellig negativ. Als ihr Vater von den Dorfleuten bereits als eine Null wegen seiner Trunksucht angesehen wurde, wurde sie von Altersgenossen sexuell misshandelt. Ob sie auch vergewaltigt wurde, bleibt unklar, der Text gibt diesbezüglich keine deutlichen Auskünfte. Außerdem hatte Olga einen schlechten Ruf in der Schule und wurde schon sehr früh als „Walsche" beleidigt, weil sie als Einzige die Italienischaufgaben machte und dafür von der Lehrerin gelobt wurde. Dass sie von älteren Schülern gleichsam für Freiwild gehalten wurde, hängt damit zusammen. Das Dorf erscheint im Text von der ersten Seite an, ähnlich wie in gewissen österreichischen Antiheimatromanen,[68] als bedrohliche und geradezu vernichtende Instanz. Nicht nur der italienfeindliche Nationalismus ist charakteristisch, sondern auch die gewohnheitsmäßige Fortführung religiöser Bräuche, die Bewunderung für Geschäftstüchtigkeit, der Spott über körperliche Missbildung, die Verachtung für abweichendes Verhalten und der Mangel an Mitleid für schwächere Gemeinschaftsmitglieder (z.B. den alkoholabhängigen Dorflehrer).

Durch Olgas Rückblenden, Konjekturen und Betrachtungen im Medium der Erzählersprache wird Licht auf das Schicksal des Dorflehrers, auf Entstehung und Werden seiner wachsenden Selbstentfremdung und seines zähen Willens zum Dazugehören geworfen. Daraus wird ersichtlich, dass sein Fall dazu dient, die Auswirkungen eines nationalistisch verzerrten Heimatbegriffs auf eine charakterschwache Person zu illustrieren. Er sucht verbissen aber vergeblich nach Integration und Anerkennung, obwohl er außer seinem Beruf nichts besitzt, nicht einmal einen Freund. In ihrer Erinnerung beschreibt Olga den Vater als einen widersprüchlichen Menschen, der selbst große Verantwortung für das Scheitern in seinem Leben trägt. Hervorgehoben wird immerhin die Freiheit seines Charakters und seiner Vorstellungen im Vergleich mit der herrschenden Stumpfsinnigkeit, andererseits wird aber vor allem seine Heimatbedürftigkeit unterstrichen, die ihn an das Dorf fesselt. Seine Gestalt fokussiert exemplarisch die Thematik des Auseinanderdriftens von privaten Glücksvorstellungen und sozialem Umfeld.

---

[68] Zum Beispiel bei Josef Winkler.

Das Bild des Südtiroler Dorfes, das im Roman entworfen wird, ist unerträglich. Hervorstechend darin sind eine ganze Menge Fehler: nationalistische Heimatideologie, antiitalienische Ressentiments, Frauenfeindlichkeit, Alkoholismus, Gewaltbereitschaft, Egoismus usw. Andererseits ist Olgas Vatergestalt nicht im mindesten das Opfer, mit dem man sich gerne solidarisieren würde. Die Unmöglichkeit, diese Gestalt den Dorfleuten als Modell entgegenzusetzen, verdüstert noch mehr die herrschende Atmosphäre des Romans. Die Zwiespältigkeit in der Figur, nämlich unentschieden zwischen Freiheits- und Zugehörigkeitsbedürfnis hin und her zu schwanken, paart sich mit ihrer Unfähigkeit, Glücksgefühle zu verspüren. Die Darstellung des existenziellen Unbehagens ist im Text nicht minder stark als die Heimatkritik. Olga bemüht sich kaum um eine entgegenkommende Beschreibung ihres Vaters. Ihr geht es um eine ordentliche Abrechnung. In dem von ihr ausgeführten Profil zeichnet sich eine grundsätzliche Lebensuntauglichkeit ab, als läge im Leiden und nicht in der Suche nach Glück der eigentliche Sinn des Lebens. Dieser verkehrte ,Lebenssinn' ist selbst Olga, die sich davon distanzieren will, alles andere als fremd, da auch ihr Leben schließlich kaum durch Glück und Selbsterfüllung, vielmehr dagegen durch Einsamkeit und gescheiterte Integration gekennzeichnet ist. Was Olga in großem Maße besitzt, das ist geistige Unabhängigkeit. Mehrmals wird im Text betont, dass Olgas Vater in seinen früheren Jahren, als er noch kein Alkoholiker war, in sich einen Drang nach mehr innerer Freiheit verspürte. Einer seiner Lieblingssätze lautete damals: Er wolle „nichts als hinaus in die Welt"[69] gehen. Und doch war er am Ende im Dorf geblieben, trotz Enge und allgemeiner Missbilligung. Eine Lebensveränderung hätte ihm Rettung verschafft.

In Olgas Erinnerungen sind die Charakterfehler ihres Vaters das Wichtigste. Hervorgehoben an ihm werden z.B. die zähe Abwehr gegen die angeblich verdorbene Stadtwelt, die Ideologisierung der Berglandschaft, das lächerliche Strammstehen bei patriotischer Marschmusik. Besonders skurril erscheint an ihm der sture Nationalismus, zumal er kein Nazi gewesen ist und den Nazis bei ihrem Einmarschieren in Südtirol nicht zujubeln konnte, da er sich in Sibirien befand. Kein bisschen Verständnis will Olga für die spätere Beziehung des Mannes mit der Wirtschafterin und Schulwartin, der Mutter ihres Stiefbruders, aufbringen. Selbst das Wort Bruder „juckte" Olga „wie eine Art Kitzel im Halse": „diese Zufallsliebe hatte dann auch auf ganz vorhersehbare Weise diesen Zufallssohn auf die Welt bringen müssen."[70] Auch der Eifer, mit dem Olgas Vater manchmal die Dorfleute zur Toleranz gegenüber den Italienern ermahnte, muss ihr als widersprüchlich erscheinen, da er selbst mit antiitalienischen Klischees und Vorurteilen nicht sparsam umging. Selbst die Tatsache, dass ihr Vater sie finanziell unterstützte, als sie mit ihrem Freund Silvano eine Bar in der Stadt pachtete, löst in

---

[69] Zoderer: *Die Walsche*, S. 8.
[70] Ebd., S. 21.

Olga keine große Dankbarkeit aus. Im Gegenteil erblickt sie auch in diesem Fall das Widersprüchliche im Verhalten des Vaters, und zwar einerseits sein aufrichtiges Entgegenkommen, andererseits seine abstoßende Höflichkeit gegenüber Silvano, hinter der Kälte und Herabsetzung verborgen lagen. Es gibt im ganzen Roman faktisch keine einzige Stelle, an der irgendeine bedeutende Qualität an Olgas Vater ersichtlich würde. Jedes Mal, wenn es um ihn geht, stechen Charaktermängel hervor: Schwäche, Zwiespältigkeit, Nationalismus, Hängen am Heimatdorf, Missbilligung von Frau und Tochter. Olgas Porträt des eigenen Vaters ist ein vehementer Anklageakt gegen die Hörigkeit einer erdrückenden Provinzwelt gegenüber.

4.2 Identitätsgewinn

Olgas Aufenthalt im Bergdorf veranlasst sie dazu, an ihre Vergangenheit zurückzudenken. Wie wird es nach ihrer Rückkehr in die Stadt weitergehen? Zoderers Text ist, wie gesagt, ein Südtirol-Roman, aber er ist auch ein Identitätsroman wie andere Romane dieses Autors.[71]

Es dürfte niemanden überraschen, dass die Aufarbeitung der Individualität prinzipiell von der Selbstabgrenzung von anderen Menschen abhängig ist. Olga erlebt eine geradezu exemplarische Situation radikaler Fremdheit. Sie ist zwischen zwei Welten gefangen und kann sich nicht eingliedern. Eine Verbesserung dieser Umstände ist ebenfalls nicht in Sicht. Auch in ihrem Fall wäre es abwegig, von relativer Fremdheit zu sprechen. Das parallele Vorhandensein von Eigenheit und Fremdheit im Selbst eines Menschen sowie die Fremdheit der anderen Menschen als etwas Unüberwindliches sind Realitäten, denen auch Olga ausgesetzt ist. Zoderers Roman zeigt auf, dass der Umgang mit derartigen Lebensumständen schwierige identitäre Probleme auslöst, die im positiven Fall zur Bewusstseinserhellung, im negativen zur Verwirrung führen könnten.

Olgas Fall legt nahe, wie sehr Liebesbeziehungen, interkulturelle noch in stärkerem Maße, dabei häufig in Mitleidenschaft gezogen werden. Der Prozess der identitären Selbstfindung beginnt für Olga, als sie mit kaum sechzehn Jahren mit ihrer Mutter aus dem Dorf in die Stadt zieht. Schon sehr früh manifestiert sich in ihr die Abscheu vor dem Dorfmilieu: vor dessen Enge, vor der Langeweile, vor dem Bäuerlichen, vor Vaters Zwiespältigkeit. In ihr bahnt sich das Gefühl der Entfremdung früh an. Zoderers Text berichtet ziemlich ausgiebig über Olgas Aufleben nach der ‚Flucht' in die Stadt. Letztere hat für die Geflüchtete

---

[71] Vgl. dazu Sieglinde Klettenhammer: *Topografie des Fremden. Zu Joseph Zoderers Romanen* Die Walsche, Lontano, Das Schildkrötenfest *und* Der Schmerz der Gewöhnung. In: Günther A. Höfler/Sigurd Paul Schleichl (Hgg.): *Joseph Zoderer*. Graz-Wien: Droschl, 2010, S. 35-66.

etwas Exotisches. Der geradezu antipodische Lebensraum erfüllt sie mit einer Vielzahl von neuen Impressionen und Empfindungen; „das Aufundabdefilieren in der Hauptstraße"[72] kommt ihr sogar wie „eine endlose Reise durch Neuland" vor; alles ist „angenehm fremd", während dagegen selbst der physische Kontakt zu den vertrauten Gebrauchsgegenständen oder die Gerüche zu Hause bei ihrem Vater sie nach wie vor anwidern. Nicht ohne Widerwillen beobachtet sie während ihrer gelegentlichen Besuche, wie ihr Vater eine Wandlung zum Schlechteren durchmacht. Olga stellt konsterniert fest, wie der Dorflehrer seine Armseligkeit durch immer häufiger werdende Verzweiflungsausbrüche zu überschreien versucht. In ihm haben sich „Herzlosigkeit" und „Kopflosigkeit"[73] nicht verändert. Olgas Versuche, ihn zur Selbstbesinnung zu bringen, schlagen fehl, da sich ihr Vater hartnäckig weigert, sein Unglück wahrhaben zu wollen. Jedes Wiedersehen wird für sie, besonders seit Olga mit Silvano zusammen ist, immer mehr zu einem „Stehen unter der Regentraufe"[74]. Legt Olga im Gegensatz zu ihrem Vater ein großes Herz und einen hellen Verstand an den Tag? Zoderer legt großen Wert darauf zu betonen, dass Olga einen scharfen Verstand hat. Ein großes Mitgefühl besitzt sie aber keinesfalls. Auch dieser Aspekt wird im Text an gewissen Stellen markiert. Der Tod der Mutter als Folge der Arbeitsbelastung in der Fabrik ist für Olga kein Grund, um sich emotionell involviert zu fühlen: „Abschalten ist alles, abschalten zu können lernte sie schnell in der Stadt."[75] Tatsächlich schaltet sich Olga ab, und dieses Sich-Abschalten als selbstschützende Verhaltensregel bleibt im Nachhinein eine Charakteristik von ihr, welche als ein Ergebnis ihrer Selbstentwicklung, als eine in ihrer Persönlichkeit angelegte Veränderung dargestellt wird. Die Zwiespältigkeit, die Olga an ihrem Vater wahrnimmt, betrifft gewissermaßen auch sie, da sie nicht viel anders als er nur zum Schein integriert ist. Ähnlich verhält es sich mit Olgas Wortkargheit, die eine Folge ihrer inneren Zurückgezogenheit ist. „Wenn sie etwas sagen wollte, schien ihr das, was sie sagen wollte, belanglos, und sie sagte es nicht. Auch schob sie vieles einfach weg."[76] Auffallend ist an ihr die Neigung zur Stummheit, worin sie ihrem Vater ähnelt. „Stummheit" wird im Text als eine negative Eigenschaft charakterisiert; beharrliches Schweigen ist nicht „Gold", sondern geistige Versteinerung, das Stummbleiben ist keine transitorische Erscheinung, keine vorübergehende Schweigsamkeit, sondern die Endstation eines scheiternden Lebensprozesses, die auch dort erreicht wird, wo geistige Enge oder Entfremdung keineswegs am Werk sind. Das ist zum Teil auch der Fall bei dem Süditaliener Silvano, Olgas Lebensgefährtem. Schweigen tritt auch bei ihm auf, nachdem sein politisches Engagement abgeflaut ist, ohne offenbar jene Ergebnisse beschert zu

---

[72] Zoderer: *Die Walsche*, S. 33.
[73] Ebd., S. 34.
[74] Ebd., S. 35.
[75] Ebd., S. 39.
[76] Ebd., S. 56.

haben, die man sich schwungvoll, unter dem Einfluss eines Ideals, präfiguriert hatte.

Das neue Leben in der Stadt animiert Olgas junge Wahrnehmungsorgane in der allerersten Phase. Sogar „unberechenbar", „unüberschaubar", „erschreckend" und doch „schön"[77] kommt ihr die noch fremde Stadt vor; die vielen unbekannten Gesichter haben für sie etwas Geheimnisvolles; in jeder Begebenheit, die ihr zustößt, sticht Körperhaftes, Sinnliches oder Sexuelles hervor, das ihr wie etwas Außerordentliches erscheint. Im Text werden mehrere Details nacherzählt, die in Olgas Erinnerungsvermögen präzise Konturen bewahrt haben. So z.B. referiert der Erzähler aus Olgas Perspektive, wie sich ein junger Metzgergehilfe in einem Fleischerladen aus Versehen mit einem breiten Messer ein Hautstück seines Daumens kappt und danach, ohne es zu bemerken, das Einwickelpapier auf den Blutklecks legt und ihn beim Einpacken verwischt.[78] An einem Tag bemerkt sie hinter einem Schaufensterglas Getreideähren als Schmuck ausgestellt, die sie bis dahin in ihrem Heimatdorf nur auf offenem Feld gesehen hatte. An einem anderen Tag lässt sie sich von einem Jungen, an dessen Namen sie sich kaum erinnern kann, in den Vitrinenflur eines Geschäfts drängen; sie stemmt ihre Hände gegen seine Schultern und gibt nur nach, als sie merkt, dass er kaum Widerstand gegen ihren Druck aufzubringen vermag. Nach dem Tod ihrer Mutter zieht Olga allein in eine kleine Mansarde ein und genießt zum ersten Mal die totale Unabhängigkeit: „Nie zuvor und nie danach hatte sie sich so voller Hoffnung gefühlt, beinahe frei, weil die Möglichkeiten unbegrenzt schienen, sozusagen von außen aus der Luft sie berührten, aus dem Unbekannten herandrängten."[79]

Die zweite Phase von Olgas Identitätsentwicklung betrifft ihr Verhältnis mit Silvano, der in Mailand studiert und sich in der Stadt als linker Aktivist für die Fabrikarbeiter engagiert. Die Integration in Silvanos Freundeskreis im italienischen Viertel der Stadt, das die Deutschen abwertend „Schanghai" nennen, will aber nicht gelingen. Dieser Handlungsstrang wird im Roman durch Rückblenden weiterverfolgt, die ganz besonders Licht auf das existentielle Leiden in Olgas Leben und auf die implizite Parallele zu ihrem Vater werfen. Dieses Leiden betrifft in anderer Hinsicht auch Silvanos Lebensentwicklung. Das Merkmal, das die drei verschiedenen Leidensformen miteinander verbindet, ist der Verlust von Lebenschancen, der zu einer irreversiblen Statik führt. Auch Silvano ist in seiner Art wie Olga und ihr Vater ein Verlierer, da er zu einem ganz gewöhnlichen Gastwirt wird. Das politische Engagement, von dem sich auch Olga angezogen gefühlt hatte, erlischt in ihm. Die Alltagsroutine der Gastwirtschaft ersetzt den Dynamismus der politisierten Existenz: Langeweile, Perspektivlosigkeit und

---

[77] Ebd., S. 40.
[78] Ebd.
[79] Ebd., S. 91.

Verstummen treten auf. Die einst so anziehende Stadt schrumpft in Olgas Perspektive letztlich „zu öder Überschaubarkeit"[80] zusammen.

> Ein ineinandermündendes Geregeltsein, ein klaglos funktionierendes Röhrensystem ohne Ausgang. Das einzige Abenteuer, ein sich wiederholendes und sich durch die Wiederholung auslaugendes Abenteuer, war ihre Fremdheit, ein langsames Vernichtetwerden.[81]

Während ihres dreitägigen Aufenthalts auf dem Dorfe rechnet Olga nicht nur mit ihrem Vater, sondern auch mit sich selbst ab. Indem sie Bilanz zieht, gewinnt sie Klarheit über ihre Identität. Sie erkennt die Gründe der Verzweiflung ihres Vaters und rationalisiert den Prozess seines unaufhaltsamen Ausstiegs. Doch kommt sie gleichzeitig zu dem Schluss, dass er grundsätzlich ein *leidender* Mensch gewesen ist, dass er über seine schlechten Lebensumstände hinaus diese Charakterveranlagung nicht verändern konnte: „Der Vater sei ja von seinen Sibirien-Erinnerungen nie losgekommen, er habe immer wieder von der Gefangenschaft erzählt, als ob das Leiden seine eigentlichste Freude gewesen wäre."[82] Bei dieser Einsicht verstärkt sich in ihr der Eindruck, dass es zwischen ihm und ihr Parallelen im Gefühl der eigenen Fremdheit und in der Sehnsucht nach der Ferne gegeben hat, obwohl ihr Weggehen sie gerettet, sein Dabeibleiben ihn im Gegenteil verdammt hat:

> Besser oder schlechter hätte er leben können, aber er wäre kein anderer geworden, einer, der weniger gelitten hätte. Er war eigentlich nicht übler dran als ich, sagte Olga, vielleicht sogar besser, obwohl sie wusste, dass sie nie, schon gar nicht jetzt, zurückgehen würde, auf jeden Fall nie mehr weg von irgendeinem Schanghai und nie mehr zurück an einen Waldrand.[83]

Der Aufenthalt im Heimatdorf verändert Olga. Je mehr sie in einer Reihe von Begegnungen, die sich zum größten Teil wegen der Beerdigung ergeben, die Feindseligkeit der Dorfleute, besonders der Männer, zu spüren bekommt, desto stärker wird in ihr der Wille zum Trotz. Sie will zu verstehen geben, dass sie keine Angst vor ihnen hat und sich um ihre Missbilligung nicht schert. Parallel dazu bemerkt der Leser Folgendes: Nicht „Zuneigung und Liebe noch die Werte einer Solidargemeinschaft überhaupt bestimmen die Beziehungen der Menschen hier untereinander, sondern Konkurrenz, Neid, Unterdrückung und Gewalt."[84] Antiitalianismus erscheint im Text nicht nur als nationalistische Gesinnung,

---

[80] Ebd., S. 113.
[81] Ebd., S. 113-114.
[82] Ebd., S. 108-109.
[83] Ebd., S. 110.
[84] Kruse: *Wider den Nationalismus*, S. 197.

vielmehr auch als Variante einer endogenen Aggressivität, die von der Leere, von dem Fehlen menschlicher, solidarischer Beziehungen ausgelöst wird. Nicht zufällig schlägt diese Leere in Autoaggression um, da immer mehr Leute im Dorf Selbstmord begehen, wie Olgas Kindheitsgefährtin Agnes erzählt. Auch Alkoholismus, Frauenfeindlichkeit und Profitdenken sind unübersehbar damit verbunden.[85]

Die Begegnung mit ihrer ehemaligen Freundin Anna bringt Olga zu der Erkenntnis, dass sich männliche Aggressivität auch gegen Ehefrauen und Töchter entlädt. Die Frau erzählt ihr, dass nur ihr Mann und ihre Söhne „zum Essen in die Stube hineindürften."[86] Olga erinnert sich, dass derselbe Mensch, Lackner mit Namen, Annas Mann, als Schulkind noch sehr schön zeichnen konnte. Ihre Freundin erzählt ihr auch, dass Lackner sie demütigt, schlägt und sogar foltert, weil er es offensichtlich nötig hat, an ihr seine Wut wegen der noch ledigen Tochter und des von ihr geerbten, wertlosen Latschenwaldes auszulassen:

> [...] und dann schlage er sie, und sie müsse sich ausziehen und in der Hinterstube, ohne Decke einfach so daliegen, auch im Winter, wenn in der Kaffeekanne in der Früh eine Eisschicht sei, er aber schaue sie an, schaue sie unverwandt an, in so einer Kälte lasse er sie mit nichts auf dem Bett liegen und glotze stundenlang, und zum Schluss spucke er sie an und sage: Du Hur, du.[87]

Während der Aufbahrungszeit bemerkt Olga, dass Kälte und Gleichgültigkeit der Dorfleute gegen sie gerichtet sind. Und nach der verstohlenen Unterredung mit Anna sowie nach anderen Begegnungen entsteht in ihr der Wille, ihr Anderssein auf eine sichtbare Weise zum Ausdruck zu bringen. Im Frisiersalon ihrer ehemaligen Schulfreundin Helene lässt sie sich mit der Handschneidemaschine das Haar abrasieren. Mit der neuen Frisur betritt sie dann nach der Beerdigung, die ihr wie eine nachgeholte Hinrichtung vorkommt, den Dorfgasthof, wo ihr Vater zusammen mit seinen Saufkumpanen regelmäßig getrunken und Karten gespielt hatte.

Die Schlussepisode im Roman findet im Dorfgasthof statt. Keine andere Frau ist im Lokal anwesend. Niemand setzt sich zu ihr und Florian, niemand redet die Tochter des Verstorbenen an, die übrigens traditionsgemäß Suppe und Kuchen (das sogenannte Abschiedsessen) für alle Anwesenden bezahlt hat. Olga freut sich darüber, wenigstens nicht mit Falschheit und Heuchelei behandelt zu werden und selbst nicht falsch und verlogen sein zu müssen. Auf die Herausforderung geht sie ohne Scheu ein: „Wenn sie herüberglotzten, konnte sie zurückglotzen, und sie versagte es sich nicht und sah alle diese harmlos dreinblickenden,

---

[85] Ähnlich verhält es sich in Gerhards Roth Roman *Der Stille Ozean* (1980), wo auch die Jagd als Ventil für aggressives Verhalten dient.
[86] Zoderer: *Die Walsche*, S. 14.
[87] Ebd., S. 15.

abgerackerten Gesichter ruhig an [...]."[88] Das furchtlose Zurückglotzen signalisiert Olgas Willen, sich nicht niederdrücken zu lassen, obwohl sie mit Recht das Glotzen verabscheut, zumal sie dessen zersetzendes Potenzial gut kennt.[89] Absichtlich lässt sie die Suppe kalt servieren und schroff erklärt sie dem Wirt, dass er mit dem Kuchen tun kann, was er will. Endlich löst der Alkohol die Zungen der Dorfmänner und aus allen Ecken wird das Schützenlied ("Es lebt der Schütze froh und frei") intoniert, dessen Refrain von dem (italienischen) Feind spricht, den man aus dem Land heraus haben will. Als weitere Provokation lässt jemand die Musicbox den Chor der Trentiner Bergjodler spielen, als wäre das typisch italienische Berglied auch Olgas Lied. Beim Weggehen muss Olga durch „das Spalier der Landsleute"[90] zur Tür gehen. Plötzlich hört sie einen dumpfen Schlag und sieht, wie ihr Halbbruder stolpert und zu Boden fällt, weil jemand ihm ein Bein gestellt hat. Von Wut erfasst, versucht sie, dem Täter eine Ohrfeige zu verpassen, aber sie verfehlt das Ziel. Daraufhin verlässt sie das Dorf, um zu Silvano nach Bozen zurückzukehren. Immerhin ist sie mit der schlecht platzierten Ohrfeige zufrieden.[91]

4.3   „eine Festigkeit durch das Niedergedrücktsein"

An einer Stelle im Roman fragt sich Olga, was geschehen wäre, wenn ihr Vater das Dorf verlassen hätte. Er wäre ein anderer geworden, auch sie wäre eine andere geworden und ihren Halbbruder hätte es nicht gegeben – lautet die Antwort. Indem sie dies denkt, schaut Olga nach Florian, der gelernt hat, sich im Leben durchzukämpfen, obwohl er schon immer mit seiner Krankheit und mit den bösen Streichen seiner Altersgenossen rechnen musste. Ihr Nachdenken setzt sie folgendermaßen fort:

> Er zappelte jetzt zwischen den Aufrechten, zwischen Menschen und Bäumen, und hatte die Augen geöffnet. Sie wollte sich nicht mit ihm vergleichen, aber sie glaubte, dass sie ihn nicht bedauern musste.[92]

Olgas Beziehung zu Florian nimmt im Roman keinen geringen Raum ein und bietet einen weiteren Interpretationsschlüssel zu ihrem wohl irreversiblen Fremdheitsgefühl. Von Anfang an empfindet sie für Florian kein Mitleid, eher

---

[88]   Ebd., S. 127.
[89]   Sie kann sich gut vorstellen, wie eben dieses Glotzen ihren Vater zeitlebens krank gemacht haben soll: „Eigentlich haben ihn die, die jetzt für ihn beten, sie alle haben ihn langsam, auch wenn wohl ohne Absicht, zu Tode geglotzt." Ebd., S. 20.
[90]   Ebd., S. 133.
[91]   Ebd.
[92]   Ebd., S. 111.

48

macht sie sein Anblick traurig, und sie ist bereit, ihm Anerkennung zu zollen. Oft jedoch melden sich dazwischen Abneigung, Irritation, Lieblosigkeit. Die oben zitierte Stelle wird durch diesen Satz ergänzt:

Hoffentlich, sagte sie, hat das auch der Vater begriffen.[93]

Damit endet Olgas Nachdenken über Florian. Das Erzählsegment wird dadurch abgerundet, dass der Erzählfokus auf einen scheinbar unbedeutenden visuellen Vorgang verlegt wird. In der Nachtfinsternis erblickt Olga bei eingeschaltetem Licht im Haus undeutliche „Flecken" auf den Holzschuppen, die sie, nachdem sie das Licht ausgemacht hat, als „Steine" wiedererkennt, die zur Befestigung des Dachs dienen:

In der Nachtfinsternis konnte sie, durch das Gangfenster auf den Holzschuppen schauend, nichts als ein halbes Dutzend verschwommen heller, ungleich großer Flecken erkennen, aber wenn sie das Licht im Gang auslöschte und, die Gangfinsternis im Rücken, durch das Gangfenster in die Dunkelheit hinunterstarrte, erkannte sie trotz des Nebels und des fehlenden Mondes die schummerigen Flecken auf dem Schuppendach als Steine von ungleicher Größe, die dazu dienten, dass alles einen Halt bekäme, eine Festigkeit durch das Niedergedrücktsein.[94]

Der Perspektivwechsel ist abrupt. In welcher Relation steht die Überlegung, Florian sei nicht zu bedauern, zum einen zu der Hoffnung, dass Olgas Vater es so gesehen haben möge, zum anderen zu der scheinbar damit nicht zusammenhängenden Betrachtung der Steine auf dem Dach?

Fassen wir zunächst einmal Olgas Beziehung zu Florian ins Auge. Mit demselben kühlen Beobachtungsgeist, mit dem sie die Selbstzerstörung ihres Vaters, die Feindseligkeit ihrer Landsleute, den Rückzug ins Private und Geschäftliche ihres Lebensgefährten und schließlich die eigene radikale Fremdheit als unüberwindliche Tatsachen erkennt, nimmt sie auch ihre problematische Beziehung zu Florian ins Visier. Ihr Urteil fällt besonders hart aus. Selbst das Wort „Bruder" kann sie kaum aussprechen. Beim Wiedersehen mit ihm kann sie nicht umhin, zu denken, dass die „Zufallsliebe" ihres Vaters zur Schulwartin nach der Trennung von ihrer Mutter notgedrungen „diesen Zufallssohn" zeitigen musste.[95] Während der Aufbahrung tauscht sie mit dem „Zufallssohn" keinen einzigen Gedanken über ihren gemeinsamen Vater, keine einzige Erinnerung an ihn aus. Die Distanz zwischen beiden ist in jeder Hinsicht zu groß.

Und doch entwickelt Olga während ihres dreitägigen Aufenthalts im Dorf eine Art Nähe zu ihm. Auch das ist eine Zustandsveränderung im Roman und

---

[93] Ebd.
[94] Ebd.
[95] Ebd., S. 21.

verdient es, gewürdigt zu werden. Sie bemerkt nämlich, dass der kranke Florian nicht so stark auf Hilfe angewiesen ist, wie man sich vorstellen könnte. Er kann allein Verschiedenes erledigen, seine Gedanken über den gemeinsamen Vater sind besonders edel und liebevoll, anders als bei Olga. Außerdem hat er gelernt, sich gegen seine Altersgenossen zu verteidigen, vielleicht ist er sogar der einzige ‚normale' Mensch im Dorf, vermutet Olga, in einem Ort, wo die meisten Männer keinen Respekt für Gefühle oder Schwächere zu haben scheinen. Die Lahnerin-Episode z.B. erfüllt den doppelten Zweck, einerseits den Mangel an menschlicher Solidarität im Dorf, andererseits Florians Hilfsbereitschaft zu zeigen, da der Junge gerne der alten blinden Frau helfen will, damit sie auch zum Totengebet mitkommen kann. Nur er denkt an diese Möglichkeit, selbst die Tochter der Greisin kümmert sich nicht um ihre Mutter, die in einem total verdreckten Haus wohnt. An einer anderen Stelle, die Schlüsselcharakter hat, erzählt Florian von der merkwürdigen Art und Weise seines Vaters, mit ihm umzugehen und seine väterliche Liebe zu bekunden. Die Erzählung macht deutlich, dass der Dorflehrer seinen Sohn nicht wirklich liebte. Offensichtlich war es Florians angeborene Krankheit, die sein schon maßgeblich verletztes Selbstwertgefühl noch stärker verletzte:

> Der Vater habe ihn nie richtig angefasst, als ob er, Florian, in Wirklichkeit nicht da gewesen sei, vielmehr habe er höchstens mit einer Streichelbewegung in der Luft über seine Kopfhaare gewischt, ohne diese zu streifen. Er, Florian, habe sich am häufigsten von Vater angelacht gefühlt, nie ausgelacht, aber doch wie eingeblasen in eine Glashaut, als ob der Vater um ihn herum eine Wand aus Glas gehaucht hätte. Lieber wäre es ihm gewesen, der Vater hätte ihn angeschnauzt und am Halskragen gepackt, doch habe er ihn wie einen Krüppel geschont. Sie werde sich vielleicht erinnern können, wie der Vater um ihn herumgeschritten sei, wie um eine Glasfigur, und wenn er lustig gewesen sei, habe er auch zu hopsen angefangen, rund um ihn herum, aber ohne ihn jemals mit einem Finger zu berühren.[96]

Der Text weist darauf, wie sehr der heranwachsende Junge unter der Distanzhaltung und der Ablehnung seines Vaters gelitten haben muss. Kein einziges Mal durfte Florian ihm seine Liebe offen zeigen und er ist gar nicht geneigt, die ohne eigenes Verschulden verpassten Chancen am Toten wiedergutmachen. Dieses flüchtig gesprochene Bekenntnis bringt Olga auf den Gedanken, dass sie über Florian, das heißt über seine Emotionen, nichts weiß. Sie gesteht sich schweigend ihr Nichtwissen ein und schaut nach oben: „Die wenigen kalkweißen Wolken erinnerten sie an flachgedrückte Autowracks."[97] Noch einmal taucht also im Text, in einer kaum zufälligen Analogie-Relation zu Florian, das Bild des

---

[96] Ebd., S. 74.
[97] Ebd.

50

Gedrücktseins auf. Olga fängt endlich an, das Gedrücktsein in Florians psychischer Konstitution wahrzunehmen und darüber nachzudenken.

Führt diese Steigerung in ihrem Bewusstsein zu einer verstärkten Annäherung? Sie erspart es sich, ihrem Halbbruder Fragen zu stellen und dadurch womöglich andere Einsichten zu gewinnen; ihr ist es nach wie vor unangenehm, sich in ihn hineinzuversetzen, in die Düsternis seines Lebens. Das Gespräch mit Florian endet ohne Annäherung und vermindert in keiner Weise die Distanz zwischen ihnen, obwohl Olga festgestellt hat, dass er nicht so hilflos und amorph ist, wie sie sich gedacht hatte. Olgas Abschlussüberlegung ist geradezu grausam: „Sein überfallartiges zischelndes Erzählen ging ihr einmal auf die Nerven, und als sie vom Wiesenweg wieder auf die Dorfstraße einbogen, hätte sie ihm am liebsten einen Tritt in den Hintern verpasst."[98] Nach einigen Stunden, als Florian und Olga wieder zu Hause sind und den nun im Sarg liegenden Vater anschauen, fängt Florian wieder zu erzählen an. Seine Erzählung gibt noch einmal Aufschluss über die völlige Lieblosigkeit des Vaters, im Kontrast dazu zeigt sie die Feinfühligkeit Florians, der bereit wäre, seinem Vater für all das Erlittene zu vergeben:

> Er, Florian, habe es fast nicht mehr ausgehalten, sogar ans Weggehen habe er gedacht, die Verachtung und die Wunschlosigkeit hätten dem Vater, der selten noch ein Wort gesprochen habe, aus den Augen geschaut. […] Aufgelebt sei er nur beim Lilienwirt, wo er mehr als einmal zur Gaudi der anderen den Narren gespielt habe, vor der Schank soll er auf und nieder gesprungen sein und mit Händen und Füßen gezappelt haben, in seiner Besoffenheit habe er immer öfters ihn, Florian, den Leuten vorgespielt, ohne einen Laut von sich zu geben, habe man herumerzählt. Wegen der Leute sei es ihm, Florian, gleich gewesen, aber für ihn, für den Vater, habe es ihm leidgetan, der Vater sei ein kranker Mensch gewesen, der freiwillig nicht ein einziges Mal zum Gemeindearzt gegangen sei.[99]

Auch bei der Beschreibung der letzten Lebensmonate und der vorübergehenden, unerwarteten Veränderung seines Vaters bis zu dem fatalen Abend im Gasthof erweist sich Florian als ein scharfsinniger Beobachter. Unmittelbar anschließend an Florians Erzählung findet sich Olgas oben zitierte Überlegung zu Florian; es wird erwähnt, wie sie die Steine auf dem Schuppendach anschaut und abschließend den Eindruck von „Festigkeit durch das Niedergedrücktsein" gewinnt. Eben dieser Gedanke lässt sich nun als Kommentar zu Florians Lebensschicksal begreifen. Olga will Florian nicht bedauern und wünscht sich, dass auch ihr Vater es so gesehen haben möge. Aus ihrer Sicht hat die Erfahrung des Gedrücktseins Florian nicht kaputt gemacht, sondern ihn gefestigt. Nach dieser Episode wird von einem der epileptischen Anfälle erzählt, unter denen Florian leidet. Zu glei-

---

[98] Ebd., S. 80-81.
[99] Ebd., S. 107.

cher Zeit erfährt der Leser von den Angstträumen, von denen Florian heimgesucht wird.

Olga ist ein Opfer radikaler Fremdheit, Florian ist es auch, in weit größerem Maße als seine Halbschwester, obwohl er davon keine Kenntnis hat. Trotz ihres Scharfsinns ist Olga offensichtlich nicht imstande, diese Erkenntnis in sich deutlich zu formulieren. Nach der Beerdigung, als sie sich anschickt, vom Friedhof wegzukommen, verspürt sie jedoch im festen Griff ihres Halbbruders dessen unheilbares Leid: „Die Hand, die Florian in ihre Armbeuge geschoben hatte, und diese Hand griff bis zu ihrer Kehle hinauf, griff viel weiter hinauf als der Trauermarsch, den die Kapelle spielte."[100]

---

[100] Ebd., S. 125.

5   Friedrich Dürrenmatt: *Der Winterkrieg in Tibet* (1984)

5.1   Literatur des Kalten Kriegs

Die Literarisierung des aus Atomangst und Ohnmacht des Individuums bestehenden Themenfelds in Dürrenmatts Werk erreicht einen Gipfelpunkt in *Der Winterkrieg in Tibet* (verfasst 1978), der längsten Binnenerzählung innerhalb der *Stoffe*, einem bemerkenswerten Romanfragment, in dem der Dritte Weltkrieg in Folge der atomaren Verwüstung der Erdoberfläche nur noch unterirdisch in endlosen Tunnels als von einer unsichtbaren „Verwaltung" geführter Kampf gegen einen ebenfalls unsichtbaren „Feind" verläuft, an dessen Existenz befehlsgemäß geglaubt werden muss. Alles Erzählte besteht aus den kilometerlangen Inschriften, die ein invalider Ex-Kommandant namens Hans, der an eine Art Cyborg erinnert, in der letzten Zeit seines Lebens in die Stollenwände geritzt hat.[101] Die Inschriften werden von einem namenlosen Kommentator mit wenigen Notizen und am Schluss mit einer relativ langen Glosse versehen, in der Vermutungen über den Inhalt und den Autor der Inschriften angestellt werden. Der Sinn der unglaublich mühsamen Tätigkeit des Ex-Kommandanten war es, fremden, außerirdischen Raumfahrern, die einmal wohl auf der vom Nuklearkrieg total verwüsteten Erde landen und die Inschriften entdecken und entziffern würden, eine Botschaft mit den wesentlichen Kenntnissen über die astrophysikalisch beschreibbare Dynamik zu hinterlassen, die zur atomaren Selbstzerstörung der Menschheit geführt hatte.

> Mit diesen Wesen läßt sich nicht über uns, sondern nur über etwas reden, das sie und uns gemeinsam angeht: über die Sterne. Sie werden zwar aus meinen Inschriften nichts über unsere Religionen, Ideologien, Kulturen, Künste, Gefühle usw. erfahren, ebensowenig darüber, wie wir uns ernähren und vermehren, jedoch werden sie aus meinen drei Inschriften auf unser Denken schließen, gleichgültig, welche Stümpereien meine Inschriften enthalten. Sie werden aus ihnen den Stand unseres Wissens erraten, aber auch, daß wir Atom- und Wasserstoffbomben

---

[101] Das Labyrinth-Motiv durchzieht Dürrenmatts Gesamtwerk und ist ein Bestandteil seiner Ästhetik des „furchtbaren Augenblicks". Hierzu vgl. zum Beispiel Monika Schmitz-Emans: *Im Labyrinth der Bilder und Texte*, in: Jürgen Söring/Annette Mingels (Hgg.): *Dürrenmatt im Zentrum. 7. Internationales Neuenburger Kolloquium 2000*. Frankfurt a.M.: Lang, 2004, S. 11-44.

besaßen und daß es zum Dritten Weltkrieg kommen mußte. [...] Die fremden Wesen werden aus meinen Inschriften folgern, daß auf dem nackten, versengten Steinplaneten, den sie betreten haben, einmal mit Intelligenz begabte Wesen existierten, die in ihrer Gesamtheit die Grenze Chandrasekhars überschritten.[102]

Mit seinem dystopischen Romanfragment beabsichtigte Dürrenmatt, sein astrophysikalisches Wissen, das er schon früh durch eigenes Studium und durch die Freundschaft mit dem Physiker Marc Eichelberg (1925-2011) gesammelt hatte, für eine liberal-konservative, möglicherweise von Karl Poppers Diagnosen beeinflusste Interpretation der Hypertrophie wachsender Staatsapparate in den westlichen Staaten brauchbar zu machen. Diese Interpretation, gespeist wie sie ist aus einer prophetischen Attitüde, prognostiziert einen gefährlichen Prozess der Annäherung westlicher Industriestaaten an autoritäre Regime. Die Annäherung ist in Dürrenmatts Dystopie durch die stetig wachsende Instabilität der Industriestaaten verursacht, die schließlich zu deren Kollaps führt. Der Auffassung des Kommandanten zufolge sind die sich maßlos aufblähenden Staatsapparate, durch die zum einen die steigende Komplexität der Gesellschaft vermindert, zum anderen die Auflehnungswellen rebellischer Oppositionsgruppen eingedämmt werden sollen, mit schweren Sonnen vergleichbar, die astrophysikalischen Befunden entsprechend langsam, aber unaufhaltsam ihr Gleichgewicht verlieren und zum Schluss an einem Gravitationskollaps zugrunde gehen. Dürrenmatt zeigt, wie ein solches Szenario vor dem Dritten Weltkrieg im Roman Wirklichkeit wird. Der extrem groß gewordene Abstand zwischen Arm und Reich führt zu einer derartigen Eskalation, dass sich in der Gesellschaft zwei einander unversöhnlich gegenüberstehende Klassen herausbilden, von denen die eine die mächtigen wirtschaftlichen Schübe ausgelöst und darauf ihren unermesslich anwachsenden Reichtum aufgebaut, während die andere die Kosten dieser rasanten, nicht rückgängig zu machenden Entwicklung zu tragen gehabt hat. Die Eingriffe des Staates stellen lediglich unzureichende Bremsversuche dar, die der kaum zu steuernden Dynamik nicht Einhalt gebieten können und dazu beitragen, die bereits unerträglich gewordene Hypertrophie der Apparate zu erhöhen. Politische Maßnahmen lösen immer katastrophalere Folgen aus, deren Auftreten und weitere Entwicklung wortmächtige Klassenkampf- und Liberalismus-Ideologien wie auch planetarisch verbreitete Religionen nur überdecken.

> Die Gesellschaft zerfiel immer mehr in zwei Klassen, in jene, die in der Konvektionszone angesiedelt waren, sich abgesichert hatten, und in jene, die schutzlos dem Druck und der ebenso ungeheuren Temperatur des Sonneninneren ausgesetzt waren. [...] Die Politik spielte sich daher nur noch auf der Sonnenoberfläche ab, ohne auf die Kernprozesse des Sonneninnern einwirken zu können, sie wurde zur Phrase, und so geriet denn auch das Geschehen im Sonneninnern außer Kontrolle: [...] mächtige Wirtschaftsimperien stiegen auf,

---

[102] Friedrich Dürrenmatt: *Labyrinth. Stoffe I-III. Der Winterkrieg in Tibet. Mondfinsternis. Der Rebell.* Zürich: Diogenes, 1981, S. 106-107.

fielen wieder zurück, Krisen wüteten, Inflationen, fantastische Schiebereien, irrsinnige Terrorakte, die Kriminalität und die Katastrophenanfälligkeit nahmen explosionsartig zu – die Staaten wurden instabil. [...] Man predigte entweder Klassenkampf oder Liberalismus, ahnungslos, daß alles davon abhängt, wie sich Masse in Energie umwandelt; ohne daran zu denken, wie ein Volk sich verhält, wenn es zur Masse wird: unberechenbar. Man propagierte den sozialen Staat, den Wohlfahrtsstaat, den christlichen, jüdischen, mohammedanischen, buddhistischen, kommunistischen, maoistischen Staat usw. ohne den leisesten Verdacht, ein überlasteter Staat könnte ein ebenso gefährliches Gebilde wie ein überschwerer Stern werden. Er wurde es auch: der Dritte Weltkrieg brach aus.[103]

Alles Politische hat deshalb, dieser Rekonstruktion des bereits Geschehenen zufolge, seine totale Unbrauchbarkeit gezeigt, weil keine korrektive Wirkung bei Phänomenen möglich war, die ausschließlich astrophysikalischen Gesetzen unterworfen sind. Der Endzustand der Materie ist die Entropie, die Selbstauflösung; der Dritte Weltkrieg mit seinen unbeschreiblichen Verwüstungen drängt die Menschheit in den unübersichtlich gewordenen Endkampf zwischen der „Verwaltung" und dem „Feind". Soweit die düstere Prognose in *Der Winterkrieg in Tibet*, hinter der die Sorgen oder vielleicht auch nur die distanzierten Beobachtungen seines Autors wiederzuerkennen sind. Der halbe Cyborg Hans soll angeblich der letzte, radikal fremde Zeuge der menschlichen Katastrophe sein, der völlig isolierte, in sich abgekapselte letzte Kämpfer des Winterkriegs, der seine Überlegungen zur Mechanik der unvermeidlichen Selbstzerstörung der Menschheit unbedingt bewahren und tradieren will.

Der Text schildert skizzenhaft auch das apokalyptische Inferno des Dritten Weltkriegs. Als der Kommandant, vor dem postatomaren Winterkrieg in Tibet noch Verbindungsoffizier der Schweizer Armee, auf der Suche nach der Soldatenfürsorge durch die verseuchte Schweiz wanderte, weil er sich auf eventuelle radioaktive Kontamination untersuchen lassen wollte, musste er das Schauspiel der entfesselten Anarchie und Aggressivität, der Kultur- und Technikfeindlichkeit, die im Land wüteten, erleben. Diese Augenzeugenerfahrungen ritzt er für die künftig auf der Erde landenden fremden Wesen in die Stollenwände ein. In den Stoff seines Romans integriert Dürrenmatt auch das Wissen um die zur Zeit der Entstehung des Romans schon bekannte Existenz der so genannten Führungsanlage K20, nämlich des geheimen, in Kandersteg (einem Bergdorf in den Berner Alpen) situierten Atombunkers der Schweizer Regierung. Dies tut er, wie oft in seinen Schriften, wenn es darum geht, die Schweiz zu kritisieren, unter dem Schutzschirm des Grotesken. Während seiner Wanderungen durch die zerstörte Schweiz erfährt der Kommandant, dass die Schweizer Regierung heil davongekommen ist und den Stolz über die Unabhängigkeit und Neutralität des Alpenlandes per Funk an das Volk weitergibt, obwohl von der Schweizer Bevölkerung wenig übrig geblieben ist und die Überlebenden ganz andere Sorgen

---

[103] Ebd., S. 110-111.

haben. Aber alle Ausgänge aus dem Bunker, so wird dem Kommandanten berichtet, wären nicht mehr begehbar, so dass es keine Aussicht mehr auf Befreiung gebe. Die Regierung sei also definitiv in ihrem Bunker gefangen. Die Unmöglichkeit, das eigene Land zu retten, die Nachricht von einem sich angeblich in Tibet fortsetzenden Winterkrieg gegen den „Feind" überzeugen den Verbindungsoffizier davon, als Oberst im Namen der „Verwaltung" in den tibetischen Tunnels weiterzukämpfen. Wie viel Zeit seit diesem Entschluss verstrichen ist, wie lange schon der Kommandant in seinem Rollstuhl die Tunnel abfährt, um seine Botschaft einzuritzen, ferner ob der Weltkrieg überhaupt weitergeht oder nicht schon beendet ist, darüber gibt der Roman keine Auskunft. Dürrenmatt schließt ihn ab, nicht ohne den Leser zuletzt durch eine Pointe zu überraschen, die ihn zu einer besseren Entschlüsselung des Erzählten führen kann. Bei einer seiner unterirdischen Wanderungen erreicht der halbe Cyborg Hans auf abenteuerliche Weise einen neuen, ihm unbekannten Raum, ohne zu ahnen, worin er sich befindet. Plötzlich erblickt er an einer Ecke hinter einer Glasscheibe Wachsfiguren von Winterkriegssoldaten, die eine Kampfszene simulieren. Zu seinem Erstaunen bemerkt er, dass eine der Puppen ihm selber gleicht. Im selben Augenblick erscheint eine kleine, von Uniformierten begleitete Besuchergruppe. Hans stellt fest, dass er sich in einer Art Museum befindet und dass er selber zu einer musealen Attraktion geworden ist, als wäre er eine Legende und dazu womöglich schon tot. Ohne länger darüber nachzudenken, getrieben nur von seiner Wut und von seiner blinden Überzeugung, sich im feindlichen Gebiet zu befinden, schießt er wahllos in die Menge und flieht unbehelligt in sein Stollenlabyrinth, wo er gegen den angeblichen „Feind" bis zu seinem Tod weiterkämpfen will. Der vermutlich letzte Satz von Hans' Inschrift liest sich quasi wie ein epigrafischer Kommentar zu diesem gespenstischen Ereignis: „Das Ziel des Menschen ist, sich Feind zu sein – der Mensch und sein Schatten sind eins."[104] So lautet das allerletzte Credo des radikal fremden, letzten Kombattanten im Winterkrieg.

5.2 Epos des Einzelkämpfers

„Ich bin mein Feind, du bist der deinige."[105] Dieser Satz in den *Stoffen* leitet unmittelbar in die Narration von *Der Winterkrieg in Tibet* hinein. Dürrenmatts Roman erzählt die Geschichte einer zunehmenden Isolation, sie schildert die Parabel eines Menschen und Soldaten, der sich verpflichtet fühlt, immer in der De-

---

[104] Dürrenmatt: *Labyrinth. Stoffe I-III. Der Winterkrieg in Tibet. Mondfinsternis. Der Rebell*, S. 155.
[105] Ebd., S. 83.

fensive zu bleiben, immer auf der Hut sein zu müssen, in der Annahme, von lauter Feinden umzingelt zu sein.

Der Winterkrieg als eine Nachfolgeerscheinung des Dritten Weltkriegs ist eine ganz schmutzige Sache. Die verfeindeten Parteien, die gegeneinander kämpfen, sind auf der einen Seite die anonyme „Verwaltung", die aus den kollabierten Staaten entstanden sein soll, auf der anderen Seite ein nicht weniger undurchsichtiger „Feind". Schauplatz der ganz offensichtlich zwecklosen Gefechte ist ein unterirdisches Labyrinth von Gängen und Fluren, das irgendwann in Vorbereitung der Kriegsfortsetzung gegraben wurde. Dürrenmatts Vision: Es ist ein *bellum omnium contra omnes*, ein Krieg aller gegen alle, der meistens in der Dunkelheit, in elektrisch erleuchteten Tunnels, selten auch im ewigen Schnee geführt wird. Weiß sind alle Uniformen; Söldnerheere schießen auf andere Söldnerheere und überall spielen Verbrecher und Terroristen aus allen Erdenwinkeln mit. Anders als in modernen Kriegen, in denen der Feind meistens sehr weit weg postiert oder gar unsichtbar ist, wird in diesem Krieg die Auseinandersetzung in einem einzigen großen Nahkampf wie in alten Zeiten geführt, es ist „ein grausamer und unkontrollierbarer Nahkampf", eigentlich ein Rattenkampf.[106] Das Prinzip „Feind" regelt alles. Dürrenmatts Roman macht ersichtlich, wie das Feindliche bzw. die Vorstellung des *hostis* omnipräsent ist. In einem Geäder von Gängen, Schächten, Wendeltreppen, Höhlen, Stollen, Liftsystemen, die irgendwie miteinander in Verbindung stehen, verkriechen sich Ichs und Feind-Ichs, bis plötzlich eine Kampfeinheit oder auch nur ein einzelner Mann auf eine andere Kampfeinheit oder auf Irrgänger stößt und das Feuer eröffnet, ohne die Zeit zu haben, sich vergewissern zu können, ob nicht auf die eigenen Leute geschossen wird. Anders als bei gewöhnlichen Kriegen, wo es Hauptquartiere gibt und die Konfliktparteien getrennt sind, herrscht im Winterkrieg die totale Verwirrung. Nirgendwo können sich die Kombattanten wie in heimatlichen Gefilden sicher und geborgen fühlen, da es keine Länder und deshalb keine Grenzen mehr gibt. Die ganze Welt scheint versunken zu sein, verschwunden in der allgemeinen Heimatlosigkeit und in der allgegenwärtigen Zerstörung: Allein der Winterkrieg ist Fakt. Allerdings trifft irgendwo im Verborgenen die „Verwaltung" ihre Beschlüsse. Niemand weiß, ob es sie noch wirklich gibt. Wirklich ist nur der „Feind": So lautet das oberste Gebot des Winterkriegs. In diesem zeitlosen Inferno gibt es keine militärische Ehre und keine Helden, die sich fürs Vaterland opfern. Kann man sich ein prägnanteres Bild für den blinden Bellizismus vorstellen, der seit je die Menschen zwingt, sich abzugrenzen, Feindbilder zu produzieren und aus der Position radikalster Entfremdung gegen diese Bilder mit möglichster Härte vorzugehen?

Dürrenmatts Roman ist ein Fragment auch in dem Sinne, dass seine Abschnitte aus Fragmenten der hinterlassenen Inschriften bestehen, die in verschie-

---

[106] Ebd., S. 84.

dene Stollen- und Bergwände geritzt wurden. Zu Beginn erhält der Protagonist Hans, ehemaliger Philosophiestudent, von irgendeinem Söldner seine Kennziffer. Es ist wie ein Initiationsritus: Damit wird er offiziell zu einer der zahllosen kämpfenden Ratten. Über die Hintergründe dieses Geschehens erfährt der Leser in dieser ersten Phase so gut wie nichts. Erst später in einer Rückblende, als gewisse Passagen der Inschrift entziffert werden, wird Licht geworfen auf die Gegenwartsebene. Nach einer Kurzreise in Begleitung des Söldners erreicht Hans einen Außenposten, wo ein Kommandant auf den neuen Rekruten wartet. Nachdem sich die Ankömmlinge vorgestellt haben, erschießt der Kommandant den Söldner, der Hans begleitet hat, ohne mit der Wimper zu zucken. Der „Feind" ist angeblich überall und Verrat lauert hinter jeder Ecke. Willkommen geheißen wird der frisch Einberufene auch von einem schwerbewaffneten Cyborg im Rollstuhl namens Jonathan, der in die Felsen mysteriöse Sätze ritzt. Später wird Hans Jonathans Tätigkeit fortsetzen. Der Kommandant, der ihn „Hänschen" nennt, kennt ihn aus einer vergangenen Phase des Weltkriegs, als es noch traditionelle Armeen gab. Das Wiedersehen ist alles andere als erfreulich: Mitten in der Höhle hängt ein halbtoter Söldner, dessen einzige Schuld es gewesen sein soll, an der Existenz des Feindes gezweifelt zu haben. Als ginge es darum, den Initiationsritus zu vollenden, muss Hans auf Befehl des Kommandanten den hängenden Halbtoten sofort erschießen, was er ohne zu zögern ausführt. Im Nachhinein begreift Hans, warum die Existenz des Feindes nicht angezweifelt werden darf: Verliert man den Glauben an den „Feind", kommt auch die Kampflust abhanden. Im nächsten Erzählabschnitt sinniert Hans, der inzwischen zum Kommandanten geworden ist, in einer Art Selbstgespräch über den Winterkrieg. Die Erfahrungen, die er gesammelt hat, verschaffen ihm einen tieferen Einblick. Nicht von einem „Feind" im gewöhnlichen Sinn ist hier die Rede. Es handelt sich um ein Phantasma, sehr wahrscheinlich um eine von der „Verwaltung" selbst hervorgebrachte Fiktion, zumal alle Söldner identische Uniformen ohne Abzeichen tragen und sich in nichts voneinander unterscheiden. Den Winterkrieg beschreibt Hans als einen völlig außer Kontrolle geratenen Religionskampf, an dem zahlreiche Parteien beteiligt seien, bloß damit die eigene Theorie die anderen Theorien bezwingen könne. Gefährlicher als der „Feind" sei deshalb der „Gegner", das heißt jener anonyme Söldnertypus, der auf einmal eine eigene Theorie des Winterkriegs propagiere und zusammen mit anderen Söldnern eine „Söldnersekte" gründe. Sei der „Feind" unfassbar und doch reell, bildeten die zahlreichen, sich stets neu gruppierenden Sekten die konkrete Infrastruktur der Kriegswirklichkeit, da sie sich überall erbittert bekämpften und stets neue Fronten und Gegenfronten eröffneten. Eine der Sekten habe die seltsamste Theorie verfochten, der zufolge es nur einen Generalstab gäbe, einen einzigen uralten blinden Generalfeldmarschall, der irgendwo gegen sich selbst Krieg führe. Manche sollen glauben, dass dieser Generalfeldmarschall völlig wahnsinnig sei.[107] Wie schon Bernhards „Kalkwerk" ist auch diese Vorstellung bei Dürrenmatt eine sehr zutreffende Projektion der Tatsache, dass radikale Fremdheit eine Abart von Sektierertum ist und wie ein hasserfüllter Glaubenskrieg beschrieben werden kann, in dem Verachtung und Kampfhaltung das Wichtigste sind.

Im nächsten Erzählabschnitt ist Hans selbst zu einer Art Cyborg wie der inzwischen getötete Jonathan geworden, auch er beinlos in einem Rollstuhl sitzend, mit einem Arm, der unmittelbar in eine Maschinenpistole übergeht, mit einer Hand aus Stahl, die etwa wie ein Schweizer Taschenmesser aussieht. Selbst seine Schädeldecke ist aus Chromstahl. Wie schon einmal Jonathan ist es nun Hans, der denkwürdige Inschriften in den Fels ritzt, mit dem Zweck, Konjekturen über den Staatenkollaps vor dem Dritten Weltkrieg zu hinterlassen. Es scheint, als wäre Hans einer der letzten Überlebenden im Krieg; jedenfalls ruhen die Waffen um ihn herum; weder „Feind" noch „Gegner" lässt sich blicken. Der invalide Einzelkämpfer bewegt sich in seinem Rollstuhl durch die Tunnels, die er in aller Ruhe beschriftet. Mit Hilfe sowohl der Loschmitschen Konstante als auch der Chandrasekhars Grenze, die er auf die endogene Evolution moderner Staatsgebilden anwendet, als wären sie ideale Gasformationen oder Himmelskörper, kommt er als alter ego von Friedrich Dürrenmatt (sein Kennzeichen als Söldner beginnt nicht zufällig mit den Buchstaben FD) zu seiner merkwürdigen und faszinierenden Theorie über die Entropie kollabierender Staaten, die schon früher im vorliegenden Kapitel zitiert wurde.

An dieser Romanstelle wird eine Rückblende eingesetzt, die die Voraussetzungen des Geschehens teils entschlüsselt, teils noch undurchsichtiger macht. Daraus ergibt sich ungefähr folgendes Bild: Infolge des Dritten Weltkriegs und des Kollapses der Staaten seien auf Schweizer Boden zwei Ordnungen entstanden, die der sich in ihrem Bunker K20 verschanzten Schweizer Regierung, die aber wegen einer Sabotage keinen Kontakt mehr zur Außenwelt hat, und die der „Verwaltung", die angeblich von einem Ex-Kriegsdienstverweigerer namens Edinger geführt wird. Es ist eben dieser Edinger, der dem damals noch den Dienstgrad eines Obersts führenden Hans die Situation beschreibt, indem er dabei nicht die ganze Wahrheit erzählt bzw. den fiktiven Charakter des Winterkriegs verschweigt. Zur „Verwaltung" gehörten laut Edinger diejenigen, die, wenngleich meistens kontaminiert, eine neue Zivilgesellschaft auf friedlicher Basis und mit Wiedereinführung der Technik begründen wollen, während die anderen, die an das Weiterbestehen der Macht als Grundprinzip der menschlichen Beziehungen glauben, als Söldner in den Winterkrieg ziehen. Der Kommentar von Hans hierzu erfasst den verborgenen Kern von Edingers Plan genau, indem er feststellt: „Entweder mußte der Feind mächtiger sein, als Edinger zuge-

[107] Ebd., S. 94.

ben wollte, oder der Krieg in Tibet war eine Falle."[108] Genau das ist der Winterkrieg: eine Falle für blinde Verfechter des Bellizismus, die an das Weiterbestehen des Kriegs glauben wollen, weil Krieg für sie zu einer Existenzform geworden ist. Krieg als Existenzform ist eine Grundvorstellung radikaler Selbstentfremdung. Hans, der noch nicht weiß, dass keine Kommunikation mit der Regierung mehr möglich ist, meint, Edingers Verrat an der Regierung bestrafen zu müssen und deshalb erschießt er ihn auf der Stelle. Edingers Frau Nora spornt ihn noch einmal dazu an, in den Winterkrieg zu ziehen, um dort seine Vernichtungswut voll zu entfalten.

Nach Abschluss dieser Rückblende kehrt der Text zur Gegenwartsebene zurück: Hans sitzt in seinem Rollstuhl und ist sich immer noch sicher, im Namen der „Verwaltung" in den Winterkrieg gezogen zu sein. Er ist nach wie vor ein Einzelkämpfer, der hartnäckig an einen fiktiven Endsieg glaubt: „Der Mensch ist nur als Raubtier möglich".[109] Und dazu ist er ein dilettantischer Philosoph geblieben; als wäre er in Platons Höhle, bemüht er sich um eine Deutung der Selbstzerstörung der Menschheit. An einem Tag erfährt er jedoch zufällig etwas, das wie eine Zäsur auf sein Leben einwirkt: Die Menschheit lebt irgendwie weiter und er selber, der Versunkene, figuriert als nachgemachte Puppe auf der Welt oben in einem dem Winterkrieg gewidmeten Museum! Mit dieser Entdeckung plötzlich konfrontiert, flüchtet er noch einmal in die Tiefe, um irrsinnigerweise den Krieg fortzusetzen und gegen den unsichtbaren „Feind" weiterzukämpfen. Mit dieser Pointe endet Dürrenmatts Roman. Das blinde Bedürfnis nach Hass und Kampf beherrscht den Menschen bis zum letzten Lebensaugenblick; das Epos des Einzelkämpfers ist nur Spiegelbild, ein irreführender Reflex in einem Spiegellabyrinth.

[108] Ebd., S. 141.
[109] Ebd., S. 154.

6   Gerhard Roth: *Der See* (1995)

6.1   Ausgesetztheit

Ausgesetzt, bedroht, entfremdet sein im Angesicht des rätselhaften Zusammenhangs der Dinge, in einer Welt der plötzlich auftauchenden Fallen, der tückischen Widerfahrnisse, der obskuren Deals, des blanken Hasses, der stets lauernden Gefahren: Der Tanz am Rande des Vulkans ist eine Spezialität der gehetzten Protagonisten in Gerhard Roths Kriminalromanen. Sie sind allesamt Einzelgänger, isolierte Grübler, geistesgestörte Sonderlinge, psychisch Lädierte, die nach dem Gefährlichen suchen und sich dabei verbrennen, jedoch mit Lust experimentierend, ohne die Ergebnisse ihrer Experimente zur Norm erheben zu können oder auch nur zu wollen. Genauso wie in Dürrenmatts *Winterkrieg in Tibet* sind sie Einzelkämpfer, kranke Drachentöter und doch zugleich auch potenzielle Verbrecher „im Land der Mörder".[110] In Roths Kriminalroman *Der See*, einem Werk, das von der Forschung bisher ziemlich unbeachtet geblieben ist, wird die Peregrination eines medikamentensüchtigen und des Lebens überdrüssigen Einzelgängers geschildert, der vor dem Hintergrund obskurer Waffengeschäfte österreichischer Firmen zur Zeit der Jugoslawienkriege in eine verkehrte Welt von falschen Verdächtigungen, von profitbestimmten, kleinen und großen Verbrechen gerät und dabei versucht, sich über Wasser zu halten und sich gegen eine feindselige Welt zur Wehr zu setzen.

Als der ‚Ruf' aus einer verdrängten, schmerzhaften Vergangenheit seiner Familie in Form eines Einladungsbriefes ertönt, befindet sich der Protagonist Paul Eck in Triest. Sein Aufenthalt in der norditalienischen Stadt ist von Trauer gekennzeichnet, der Todesgedanke steht im Vordergrund. Die Hauptmotivation der Reise liegt in der Absicht, die Heilanstalt von Marco Basaglia zu besichtigen, da Eck sich offensichtlich für den Wahnsinn interessiert. Der Besuch des Schlosses Miramare, „das kindische Schloss des Kaisers von Mexiko", also des hingerichteten Erzherzogs Ferdinand Maximilian Joseph Maria von Österreich (1832-1867), stimmt den Reisenden nachdenklich. Seine Gedanken gelten denjenigen Menschen, die sich von der Macht und der Politik verführen lassen, weil sie, von ihren Hoffnungen geblendet, hartnäckig immer wieder „das Beste" erhoffen, „auch wenn fast immer das Schlimmste" eintrifft, und sie nach jeder Niederlage mit neuer Hoffnung nach Verständnis und Vergebung suchen. „Die Menschen

---

[110] Mit diesem Titel hat Roth die drei *exerga* versehen, die er seinem Roman vorangestellt hat.

waren nach Hoffnung süchtig und vor Hoffnung blind, das war ihr Verhängnis."[111] Eck ist ein Mensch ohne Hoffnungen und braucht deshalb keine Vergebung für erprobte und gescheiterte Ideale oder Träume; er ist kein Typ, der etwa nach Kompromissen sucht, zugleich muss er sich mit der eigenen Labilität auseinandersetzen. Wie zufällig trifft er beim Herumwandern auf die *risiera di San Sabba*, das ehemalige nationalsozialistische Konzentrationslager im Triester Vorort San Sabba. Zwar hat er davon schon gehört, ihm war aber vor der Abreise die Möglichkeit einer Besichtigung dieser Gedenkstätte nicht in den Sinn gekommen. Beim Anblick der winzigen Gefängniszellen, siebzehn an der Zahl, in denen die Insassen zusammengepfercht gehalten wurden, lebend oder tot, bemerkt er, wie diese Zellen bloß mit einer ganz kleinen Öffnung zum Hinein- und Hinausgehen versehen sind. Daraufhin kann er sich kaum mentaler Assoziationen zu Zellen mit „Schweinekoben" erwehren.[112]

Ein tiefes Gefühl der Bedrückung verfolgt Eck auch am Ziel seiner Reise, angesichts der halb verkommenen Heilanstalt des toten Franco Basaglia, da er womöglich andere Erwartungen hatte. Von dem Großideal der Antipsychiatrie, die für Patienten und Ärzte oft gleichermaßen unmenschlichen Arbeits- und Lebensbedingungen zu humanisieren, scheint wenig übrig geblieben zu sein in dem Land, wo 1978 per Gesetz alle psychiatrischen Anstalten aufgelöst wurden. Aus den Bildern der Patienten, die an den Wänden der „mit beamtenhafter Einfalt" geführten Anstalt hängen, sprechen nur von „Einsamkeit" und „Trauer".[113] Der kurze Aufenthalt in Triest verschafft dem Reisenden ein Gefühl von Desillusionierung und Hoffnungslosigkeit, als würde die Regel gelten: Wenn einer hinter sich blickt, dann erkennt er nur Unglück, Scheitern oder Brutalität.[114]

Der Bericht über diese Reiseeindrücke wird im Text mit dem Motiv des Vaterbriefs in Verbindung gebracht, in dem Ecks Vater, ein gewissensloser Zerstörer der Umwelt, ein Waffenhändler mit Kontakt zu einem Ex-Gestapo-Mann und im Privatleben der klischeehafte Abzug männlicher Machtrollen, seinen ‚schwachen' Sohn ganz überraschenderweise zu einer gemeinsamen Segelfahrt an Bord seines Bootes auf dem Neusiedler See einlädt. Der Erhalt dieses Briefs setzt die Handlung in Gang, während das episodische und trotzdem sprechende Geschehen in Triest und dann in Udine, wo Eck überfallen wird und an seinem Körper die Konsequenzen von Betrug und Gewalt erfahren muss, als eine Art Vorspiel betrachtet werden könnte. Eck hasst seinen Vater aus tiefster Seele und hegt Rachegefühle in sich wegen des Selbstmords seiner Mutter. In ihm steckt tief die doppelte Wunde des Selbstmords seiner Mutter und der Gleichgültigkeit seines

---

[111] Gerhard Roth: *Der See. Roman.* Frankfurt a.M.: Fischer, 1995, S. 9.
[112] Ebd., S. 10-11.
[113] Ebd., S. 13.
[114] In Triest hätte Eck ebenfalls den dichten und potenziell giftigen Rauch der *Ferriera di Servola* bemerken können, die auch einen guten Platz in der Geschichte der gescheiterten Hoffnungen verdienen würde.

Vaters, der ihn seit jeher ohne Liebe und Zuneigung behandelt hat, als wäre sein Sohn all die Jahre hindurch nur eine geschäftliche Belastung gewesen, der man sich emotionslos entledigen will. Um nicht von diesem Vater abhängig zu sein, verdient sich Eck sein Leben als Arzneimittelvertreter. In der Ausführung seines Berufs aber hat er die Gewohnheit entwickelt, regelmäßig Analgetika, Beruhigungsmedikamente, Antidepressiva usw. zu schlucken, die er sich durch gestohlene Formulare und Ärztestempel besorgt oder direkt aus dem ihm von der Firma anvertrauten Sortiment holt. Früher war er Alkoholiker und nur im Zustand des Rausches gelang es ihm, ein Zugehörigkeitsgefühl gegenüber der ihn umgebenden Welt zu empfinden, die er ansonsten als leer, ekelhaft, fremd und beschränkt empfand.

In seinem Gedächtnis ist immer noch eine schlimme Kindheitserinnerung lebendig, die mit einer misslungenen Bootsfahrt zu tun hat.

> Er erinnerte sich jetzt an eine Bootsfahrt mit dem Vater, bei der sie im Schilf umgestürzt waren. Eck sah sich auf dem Grund des Sees im braunen, undurchsichtigen Wasser liegen, und er erlebte mit unendlicher Langsamkeit wieder, wie sich das Boot über ihn wälzte und sein Unterarm, der im Schlamm steckte, mit einem bis dahin unbekannten Schmerz aus der Gelenkpfanne des Ellbogens sprang. Er war damals sechs Jahre alt gewesen. Jetzt, in der Hotelhalle, erschien es ihm, als sei dieser Schmerz nie vergangen.[115]

Ecks Erinnerung an das Liegen auf dem Seegrund im schlammigen, undurchsichtigen Wasser liest sich im Text wie ein Alarmsignal. Wird von der neuen Bootsfahrt wiederum eine Gefahr ausgehen? Die Antwort wird lauten: Es wird erneut eine gefährliche Situation entstehen, aber nicht wegen der Segelfahrt, die nicht stattfinden wird, sondern weil Eck von der Polizei des Mordes an seinem Vater verdächtigt wird. Das Liegen auf dem Seegrund verweist symbolisch auch auf die seelische Situation Ecks, auf den Zustand des Bedrohtseins, dem er, wie jeder normale Mensch auch, permanent ausgesetzt ist. Eck ist ein in der Tiefe lädierter Mensch: krank, zur sozialen Interaktion kaum fähig, ohne innere Teilnahme am Geschehen, von einem Trauer- und Ohnmachtsgefühl verfolgt.

Die ersten Erfahrungen am Neusiedler See, wo Eck seinen Vater treffen soll, aber nie treffen wird, da dieser inzwischen mit seinem Boot spurlos verschwunden ist, sind quasi apokalyptisch. Jäger schießen Unmengen von Enten ab, ganze Schwärme heben ab und werden gemetzelt, sinnlos. Es werden viel zu viele Enten abgeschossen, sie können nicht alle von den Jägern als Beute mitgenommen werden; dadurch färbt sich das Seewasser gelb, „als strömte eine schmutzige Flüssigkeit aus einem unterirdischen Abfluß."[116] Nicht anders als in *Der Stille Ozean* (1980) verweist diese Szene auf die Sinnlosigkeit menschlicher Aggressi-

---

[115] Ebd., S. 8.
[116] Ebd., S. 22.

vitätsausbrüche gegenüber Tieren. Selbst Eck muss am eigenen Leib die drohende Gefahr verspüren. Ein junger Jäger, offensichtlich von der Schießerei angestachelt, schießt unsinnigerweise auch eine Elster ab, die in Ecks Nähe vergebens zu fliehen versucht. Eck protestiert, nicht wegen der Elster, sondern weil die Schrotkugeln auch ihn hätten treffen können. Statt sich zu entschuldigen, bedroht der Junge ihn offen, indem er die Flinte auf ihn richtet und ihm den Befehl erteilt, sofort wegzugehen: „,Verschwinden Sie', zischte er"[117]. Nur das Eingreifen eines älteren Jägers, der den Jungen schilt, wendet Schlimmeres ab. Es wird sich später herausstellen, dass der junge Jäger Ecks Stiefbruder ist, mit dem er in einer Szene des Romans um Leben und Tod ringen wird.

Nach einem tiefen, aber unruhigen Schlaf in seinem Hotelzimmer erfährt Eck, dass ein plötzlich ausgebrochener Seesturm inzwischen alles verwüstet hat. Ein lästiger Unbekannter, dem er zufällig begegnet ist, erzählt ihm, dass das Schilf von Blutegeln wimmele, und Eck kann mit eigenen Augen sehen, wie ein Aal, der ihn an eine „schwarze Schlange" erinnert, unverschämt mutig ins Trockene kriecht, ohne sich um die Menschen zu kümmern, die das ungewöhnliche Schauspiel bestaunen: „Die Augen stachen klein und giftig in das fremde Element Luft, auf seiner schleimigen Haut klebten kleine Steinchen. Zäh und stockend kroch er auf die Menschen zu, die ihm schrittweise Platz machten."[118] Etwas chiffriert Infernalisches ist mit dem See verbunden, eine konkrete Bedrohung scheint von ihm auszugehen. Am Tage darauf liest Eck in der Zeitung, dass sein Vater, der allein ausgefahren war, ohne auf ihn zu warten, trotz der seichten Gewässer als vermisst gilt. Oder ist er untergetaucht?, fragt sich Eck, als ginge es nicht um seinen Vater, sondern um einen Verbrecher.

Unangenehme Gefühle verspürt Eck auch in der Erinnerung an seine Mutter. Und trotzdem besucht er seinen Heimatort Frauenkirchen und trifft auf eine verlassene, öde Landschaft, wo ihn alles zwangsweise in seine traurige Vergangenheit und insbesondere zu dem Augenblick der Verabschiedung von seiner Mutter zurückführt. Der Besuch gilt allerdings vor allem dem jüdischen Friedhof, auf dem er noch nie gewesen war. Hier begegnet er einem alten Juden, der nach dem Kriegsende nicht dem Drang widerstehen konnte, in die alte Heimat zurückzukehren, die seine Familienmitglieder wie Parasiten vertilgt hatte. Ihm bleibt nur noch die Bitternis und die Resignation über das nie gesühnte Geschehen, da „die Erben der Enteigner"[119] weiter sein Haus besetzen. Wieder ins Hotel zurückgekehrt, zufrieden darüber, dass das nutzlose Treffen mit seinem Vater gescheitert ist, nimmt Eck gleich drei Tabletten zu sich, da ihm der Schlaf „als die bessere Seite des Lebens"[120] erscheint.

---

[117] Ebd., S. 24.
[118] Ebd., S. 31.
[119] Ebd., S. 36.
[120] Ebd., S. 37.

Nach diesen Erfahrungen erlebt Eck zwei Offenbarungen hintereinander, die ihm eine andere Sicht auf den rätselhaften Zusammenhang der Dinge eröffnen.[121] Zusammen mit seinem alten Freund Robert, der als Biologe an der Biologischen Station arbeitet, überfliegt er an Bord von dessen spielzeugartiger Chessna das gesamte Landgebiet des Neusiedler Sees bis an die Grenze zu Ungarn und kann sich ein genaues Bild davon machen, wie sehr der See von der Verlandung und vom Massentourismus bedroht wird. Es ist nicht der See, der die Menschen mit seiner Naturgewalt bedroht, sondern die Menschen sind es, die in seine biologische Eigendynamik massiv eingegriffen haben. Im Verlauf des Romans tritt die Verantwortung von Ecks Vater dafür hervor, aus ökonomischem Interesse und kraft seines großen Einflusses die Natur des Seegebiets (Aussehen, Ausdehnung, Tiefe der Wasserfläche, Pflanzen- und Fischarten, Insektenbevölkerung, Sauberkeit usw.) verändert und dessen Zerstörung gebilligt zu haben. Die uneingeschränkte Vermehrung von Aalen, die Ecks Vater in den See einsetzen ließ, um das zunehmende Absterben anderer Fische auszugleichen, ist auch damit verbunden. Außerdem erfährt Eck, dass das Seewasser wegen der in den herumliegenden Weingebieten eingesetzten chemischen Spritzmittel verseucht ist. In einem gemieteten Campingwagen, den er unter falschem Namen bezieht, damit die Leute nicht erfahren, wer er ist (auch sein Vater hieß Paul), hat Eck seine zweite Offenbarung. Draußen ist ununterbrochen das Dauergeräusch der Touristen zu vernehmen; „eine Art voluminöses Gemurmel, aus dem eine vereinzelte Kinderstimme, ein Ruf, ein Gelächter, ein Weinen herausklang.“[122] Drinnen, in dem abscheulichen und abgewohnten Wagen, wimmelt es von Silberfischchen, die alle Winkel und Ecken besetzen. Eck erinnert sich an eine Lektion während seines abgebrochenen Medizinstudiums, als er nämlich erfuhr, dass das Silberfischchen (*lepisma saccarina*) mindestens seit dreihundert Millionen Jahren existiert und deshalb sehr viel älter als der Mensch ist und als lebende Fossilie zu betrachten wäre. Von den winzigen, scheuen, uralten Tieren, die die Leichen ihrer Artgenossen auffressen, ist Eck sowohl angeekelt als auch angezogen.

> Diese Silberfischchen wußten über die Menschen Bescheid, sagte er sich in einem Anflug paranoider Logik. Er dachte an ein gewaltiges Buch, eine ungeschriebene Geschichte der Tierheit, in der ihr Schicksal und Kampf mit den Menschen aufgezeichnet war. Die Ameisenvölker, die Spinnen, die Schaben, die Fliegen, dachte er, berichteten, wie sie auf der Hut sein mußten, von den Menschen nicht erschlagen, zertreten, vergiftet oder in Leimpapier erstickt zu werden; Hühner und Hasen, Schweine, Rinder und Kälber erzählten die Geschichte ihrer Gefangenschaft:

---

[121] Vgl. den vorliegenden Kommentar mit dem von Renate Giacomuzzi-Putz: *Verdrängte Geschichte in seichten Gewässern*, in: Jürgen Hosemann (Hg.): *Die Zeit, das Schweigen und die Toten. Materialien zu Gerhard Roths* Die Archive des Schweigens *und* Orkus. Frankfurt a.M.: Fischer, 2011, S. 170-187.
[122] Roth: *Der See*, S. 49.

wie sie in dunklen Ställen aufgezogen wurden, um eines Tages – oft schon in der Kindheit – von der menschlichen Hand, die sie gefüttert hatte, getötet, gehäutet, zerteilt und gekocht zu werden. Die Fische überlieferten, wie sie in Netzen gefangen wurden, an der Luft erstickten und sodann geköpft oder zerstückelt in Konservendosen gelangten; Rehe, Hasen, Fasanen und Bären schilderten die eisernen Klauen der Fallen, den Todesschuß, das Über-die-Ohren-Ziehen des Felles, das Gerupft- und Ausgestopftwerden… Ein anderes Kapitel würde den Hundefängern und Kammerjägern gewidmet sein. Ein anderes den Tieren in Aquarien, Vogelkäfigen und Zoos. Das größte, das umfangreichste aber dem Menschen, der die Tiere fotografierte, zeichnete, streichelte, heilte, beobachtete, beschrieb und besang und nicht zuletzt verzehrte.[123]

Ist Ecks Fantasiegebilde nur ein Produkt seiner Medikamentenabhängigkeit oder hat es nicht vielmehr mit seiner Einsicht in die Brutalität der menschlichen Gattung zu tun? Wie naiv und ungefährlich erscheinen ihm im Vergleich die kannibalischen Silberfischchen! Ecks Logik mag „paranoid" erscheinen, wie der Erzähler suggeriert, sie weist trotzdem in quasi parabelähnlicher Form auf die Schizophrenie der Menschengattung gegenüber der Tierwelt hin. Die Silberfischchen werden Eck bis zum Schluss begleiten; sie sind kein Symbol und können auch nicht mit einem *tertium comparationis* in Verbindung gebracht werden. Sie dienen im Text als absolute Metapher für die Erdgeschichte, die im Zeichen der Destruktion steht. Fast obsessiv kehrt im Text dieses Motiv wieder. Eck wird in seinen Gedanken von der Präsenz der Silberfischchen als Zeugen seiner Ohnmacht und seines Dranges nach Selbstauslöschung verfolgt.

Es kann nicht als reiner Zufall erscheinen, wenn auf diese Fantasie im Text gleich eine echte Parabel folgt, da Eck in einer Lade des Campingwagens ein Bibelexemplar entdeckt und scheinbar wahllos im *Buch Tobit* eine bestimmte Stelle liest. Es sei hier daran erinnert, dass die biblische Tobit-Geschichte davon erzählt, wie der Jude Tobit, ein sehr barmherziger Mensch, die Leichen der Gestorbenen, der Ermordeten und der Hingerichteten aus seinem Volk gegen die gesetzlichen Vorschriften der babylonischen Stadt Ninive verbirgt und begräbt, weil er anders als viele seiner Religionsgenossen nicht wegschauen will. Die Bibelstelle, die von Gerhard Roth gewählt und seiner Romanfigur wie zufällig untergeschoben wurde, bezieht sich auf die Erblindung Tobits wegen des warmen Vogelkots, der auf seine Augen fällt und sie schwer entzündet, während er, an eine Mauer gelehnt, von seinem letzten Einsatz erschöpft schläft (vgl. *Das Buch Tobit*, 2, 10). Tobit ist in der Bibel ein Sinnbild für den frommen und barmherzigen Juden, der, von den anderen Leuten missachtet, von Gott wegen seiner frommen Gesinnung geschätzt und dann belohnt wird. Die Erblindung erklärt sich Tobit als Gottes Züchtigung, sie ist die Krankheit, die gerade ihn, den Gerechten, befällt, ohne jedoch sein Gottvertrauen ins Wanken zu bringen. Im

---

[123] Ebd., S. 51.

weiteren Verlauf der Parabel wird erzählt, dass der Engel Rafael, von Gott ge-sandt, sowohl Tobit als auch seinen Sohn Tobias in Schutz nimmt, indem er Tobits Sohn in seinem liebevollen und mutigen Werben für Sara unterstützt und ihm das Medikament nennt (Fischgalle), mit dem er die weißen Flecken in seines Vaters Augen wegwischen und ihn dadurch von der Blindheit heilen kann.

Im Fach entdeckt der Protagonist nicht nur das Bibelexemplar, sondern auch seltsam bleiche, wie entfärbte Briefmarken, die bis in das Bild hinein von den Silberfischchen angefressen worden sind. Den ganzen Zusammenhang deutet er als Orakelbotschaft, in dem Sinne, „daß er [Eck] seine Identität nicht preisgeben durfte, andernfalls würde er häßliche Dinge sehen müssen".[124] Was kann dies in Ecks Fall bedeuten? Ist Eck womöglich ein moderner Gezeichneter, ein Auser-wählter, ein nichtjüdischer Sehender ohne Barmherzigkeit im Leibe und ohne Gott im Rücken, der, vor die doppelte Tatsache der Grausamkeit der Menschen und der Nichtigkeit der menschlichen Hoffnungen gestellt, ein besonderes Schicksal auf sich nehmen und sich selbst heilen muss, wenn er überleben will? Die einzige und doch kernwichtige Bedingung, um nicht weiter „hässliche Dinge" sehen zu müssen, was das auch immer bedeuten mag, bestünde darin, dass er seine Identität nicht preisgeben dürfe. Wird auch Eck wie Tobit irgend-wie ‚erblinden‘? Oder wird die Tobit-Geschichte für Eck folgenlos bleiben? Wäre dann Tobits Beispiel ein unerreichbares Modell, ein erbauliches Exemplum für fromme Hoffnungen, die nur in einer pädagogischen Parabel erfüllt werden könnten?

Im Kapitel dreiundvierzig des Romans findet so etwas wie eine ‚Wende‘ in Form einer Zerreißprobe für Ecks Widerstandskraft statt. Danach wird es mit ihm nicht bergab, aber auch nicht bergauf gehen. Im Text wird noch zwei Mal auf die Tobit-Geschichte zurückgegriffen. Die Realität des Romans bleibt viel prosaischer und beschränkter als die der Parabel: Eck ist kein Gezeichneter, son-dern ein in einer verkehrten Welt gefangener, radikal fremder Mensch, der sich Klarheit darüber verschaffen will, weshalb er überhaupt am Leben bleiben sollte, da er kaum noch Lust dazu hat.

6.2 Widerstand

Zuallererst verzichtet Paul Eck nicht etwa metaphorisch, sondern ausdrücklich auf seine Identität, denn er stellt sich während seiner Peregrination durch ver-schiedene Arztpraxen der Ortschaft unter falschem Namen vor, zum einen weil er das Incognito bewahren will, um nicht als Sohn des Verschwundenen wieder-erkannt zu werden, zum anderen, weil er Ärztestempel und Rezeptblöcke braucht, um sich die Medikamente zu besorgen, mit denen er sich langsam ver-

---

[124] Ebd., S. 52-53.

giftet. Im Lauf dieser Peregrination erfährt er nichts Bedeutendes über seinen Vater. Zugleich verändert sich der Charakter des Romans, der nun einem Krimi ähnelt, ohne alle Gattungskonventionen zu erfüllen, während die Bewusstseinsabläufe in Eck, das Interessanteste am Text, weiterverfolgt werden. Der Plot sei hier kurz zusammengefasst: Die Polizei versucht mit verschiedenen Indizien Ecks Schuld zu beweisen. Für die Stunden, in denen sein Vater verschwunden ist, hat Eck kein Alibi. Es gäbe jedoch ein Tatmotiv: Der Tod seines Vaters würde ihm ein Viertel von dessen Vermögen einbringen. Die Indizienkette wird sich im weiteren Verlauf auch für die Polizei als falsche Konstruktion erweisen; ein Verbrechen wurde tatsächlich begangen, es hat aber mit Ecks Vater und Eck selbst nichts zu tun. Zuletzt wird auch die Leiche des Verschollenen geborgen, der entgegen falscher Vermutungen weder ermordet wurde noch untertauchen wollte. Das Ganze war, ganz schlicht, nur ein Unfall, das Ergebnis einer Reihe von unwahrscheinlichen Vorkommnissen. Alle scheinbaren Rätsel lösen sich demnach auf und Paul Eck kann den Ort verlassen, aber in keine freiere Zukunft blicken.

Während dies stattfindet, vergiftet sich Eck ununterbrochen mit Medikamenten und grenzt sich immer mehr von der ihn umgebenden Welt ab, die ihm hässlich und sinnlos erscheint. Im gemieteten, von Silberfischchen befallenen Campingwagen beschließt er, einen seiner euphorischen Schübe zu erleben, ohne zuvor irgendeinen Hauch von Glück in sich gespürt zu haben, obwohl er von seiner Ex-Frau Doris per Brief erfahren hat, dass sie von ihm schwanger ist. Zu diesem Zweck pumpt er sich mit einem Antidepressivum voll und schluckt dazu Tabletten gegen Herzrhythmusstörungen. Gleich werden alle seine Wahrnehmungen durch die Wirkung der Arzneimittel schwer alteriert; starke Halluzinationen bringen ihn fast an den Rand des Wahnsinns. Und doch: Etwas in ihm widersteht dem Sog des Verrücktwerdens. „Die Dinge standen in einer feindseligeren Beziehungen zueinander, als er geglaubt hatte. Er spürte, daß er jetzt verrückt werden konnte, aber er war gleichzeitig davon überzeugt, daß es nicht geschehen würde."[125] Weiter in Trance verharrend, öffnet Eck noch einmal die Bibel und wie zufällig gerät er erneut an eine Stelle aus dem Tobit-Buch, und zwar dort, wo geschrieben steht: „Es ist gut, das Geheimnis eines Königs zu wahren; die Taten Gottes aber soll man offen rühmen. Tut Gutes, dann wird euch kein Unglück treffen." (vgl. *Das Buch Tobit*, 12,7) Es handelt sich um die Lehre des Engels Raphael, die die Parabel erbaulich abschließt. Gleich darauf nimmt Eck seinen Revolver in die Hand, lädt ihn und setzt ihn sich an die Schläfe. „Er wußte plötzlich, daß ein Selbstmord so passierte: ohne besonderen Grund und ohne wirkliche Absicht. Bei diesem Gedanken hätte er beinahe abgedrückt. Es erschien ihm alles so logisch, daß er seine gesamte Energie aufwenden mußte, es

---

[125] Ebd., S. 115.

nicht zu tun."[126] In diesem Moment findet die ‚Wende‘ in Ecks Verhalten statt, indem er bewusst auf den Selbstmord verzichtet, ohne sich jedoch für das „Leben" entscheiden zu können. Er bleibt am Leben, obwohl es ihm nichts zu bieten hat, da auf dieser Erde nichts, anders als in Tobits Fall, in logischer Übereinstimmung mit dem Überirdischen steht. Eck will nichts hoffen, aber auch nicht versagen. Die Polizei ist ihm auf den Fersen, sein Stiefbruder will ihn umbringen, das Leben verspricht ihm nichts Gutes. Bis zum Schluss des Romans bleibt Paul Eck eine zwielichtige Figur des Versagens und des Mutes zugleich, ein abgekapselter Mensch, ein Widerständler im Land der Mörder.

[126] Ebd., S. 118.

7 Christian Kracht: *Faserland* (1995)

7.1 Ein ‚Melalkoliker‘ auf der Suche nach Substanz

Christian Krachts *Faserland* ist aus einer Perspektive erzählt, die auf verschiedene Symptome der „Zerfaserung" der Individualität in ihrer Beziehung zur Sozialwelt weist. Das Nachdenken des Protagonisten ist von seinem Gefühl einer allgemeinen Leere stark affiziert. Gleich hier soll die Textstelle zitiert werden, an der der Protagonist den höchsten Punkt seiner geistigen Luzidität erreicht, jedoch ohne sich über sich selbst und über das Land, das er durchreist, Klarheit zu verschaffen:

> Ich weiß, daß es mit Deutschland zu tun hat und auch mit diesem grauenhaften Nazi-Leben hier und damit, daß die Menschen, die ich kenne und gern habe, so eine bestimmte Kampfhaltung entwickelt haben und daß es für sie nicht mehr anders möglich ist, als aus dieser Haltung heraus zu handeln und zu denken. Das verstehe ich ja noch. Aber manchmal verstehe ich den Ansatz dieser Haltung nicht, die Herangehensweise, und dann frage ich mich, ob das immer schon so war und ob ich nicht vielleicht auch so bin, eben für die anderen überhaupt nicht mehr nachvollziehbar.[127]

Krachts Roman will diese verwirrte Mentalität, diese Mischung aus Provokation, Feindseligkeit und zynischer Selbstvergnügtheit als eine spezifische krankhafte Erscheinung der Gegenwartszeit erfassen. Bei der kritischen Beurteilung dieses Werks sollte man sich deshalb davor hüten, die scheinbare Belanglosigkeit, die Atmosphäre von Unverbindlichkeit und Gehaltlosigkeit aller Lebenserfahrungen als „oberflächlich" zu verurteilen. Der Roman gibt auf mimetische Art und Weise in der Form eines subjektiv konstruierten *slice of life* ein Stück Gesellschaft wieder, zwar mit Anspruch auf Wahrhaftigkeit, aber aus der selektiven Perspektive eines integrierten Fremdlings, der die westdeutsche Generation der frühen neunziger Jahre beschreiben will. Der anhaltende Erfolg von Krachts Roman beim Publikum bekräftigt die Vermutung, dass er hiermit den Nerv der Zeit traf.

Der Hauptstoff sei schnell wiedergegeben: Ein junger Mann wohlhabender Herkunft, der weder zu studieren noch zu arbeiten braucht, weil er durch das Vermögen seines Vaters finanziell unabhängig ist, reagiert auf die Umwelt mit

---

[127] Christian Kracht: *Faserland. Roman.* München: Deutscher Taschenbuch Verlag, 1995, S. 70.

Irritation, beschimpft gerne den einen als „Proleten", den anderen als „Nazi", reist wie ein postmoderner Abenteurer quer durch das Westdeutschland der frühen neunziger Jahre, ohne ein besonderes Ziel zu haben, nimmt vorübergehend an verschiedenen Partys teil, auf denen er meistens auf dieselben Leute stößt, besucht angesagte Lokale, ohne sich wirklich zu amüsieren, trinkt immer viel Alkohol, jedoch verzichtet er fast immer, im Gegensatz zum Haupttrend, auf Drogenkonsum, sucht Freunde auf oder trifft sie zufällig, ohne in sich ein Gefühl von echter Freundschaft zu verspüren, entzieht sich jeder Situation, die irgendwie verbindlich zu werden droht, und landet schließlich in der Schweiz, einem Land, das er besonders schätzt, weil es vom Krieg verschont wurde und irgendwie liebenswürdig geblieben ist. Ganz zum Schluss versucht er vergeblich, das Grab Thomas Manns ausfindig zu machen, was ihm wegen der späten Stunde und der Dunkelheit misslingt – ein Beispiel für im Text verstreute skurril-groteske Episoden. In der letzten Romanszene lässt sich der Herumreisende auf den finster gewordenen Bodensee hinausrudern. Wie es weitergeht, bleibt offen.

Der Roman ist in acht durchnummerierte Kapitel unterteilt. Das Erzählen fängt an einem zufälligen Punkt an und endet, wie gesagt, mitten im Geschehen, ohne jede Zwangsläufigkeit. Eine gewisse Abrundung sichert die Tatsache, dass die Geschichte im Norden Deutschlands, in List auf Sylt bei der „Nördlichsten Fischbude Deutschlands" beginnt und nach einer pikareskähnlichen Peregrination durch die Bundesrepublik – der Romanheld hält sich immer nur kurze Zeit auf in Hamburg, Frankfurt, Heidelberg, München, Meersburg am Bodensee – in Zürich, im südlichen Teil des deutschen Sprachraums in Europa, endet. Zu Beginn des ersten Kapitels ist bereits der Ton bzw. jene Alternanz von dandyhafter Ablehnung des Mittelmäßigen und unterschwelligem Bedürfnis nach Sozialisation angeschlagen, der den gesamten Roman prägen wird. Der Protagonist und Ich-Erzähler wird im Verlauf der Handlung keine Selbstverbesserung durchmachen; alles dreht sich bis zuletzt nur im Kreis.

Die Hauptsignatur ist das tief Enttäuschende aller zwischenmenschlichen Beziehungen im Land der verlorenen „Neckarauen"[128], das einmal vor dem Zweiten Weltkrieg utopischerweise *the good old Germany* gewesen sein soll und nun scheinbar als „Faserland" verhunzt zu werden verdient. Was „Faserland" bedeuten mag, ist aus dem Roman nicht unmissverständlich zu ermitteln, hierzu gibt es Erklärungsversuche.[129] Was die Kritik bislang nicht hervorhob, ist eben die fade Mediokrität in der Protesthaltung des Protagonisten, die radikale Fremdheit in

---

[128] „Das heißt tatsächlich so, das muß man sich erst mal vorstellen, nein, besser noch, man sagt das ganz laut: Neckarauen, Neckarauen. Das macht einen ganz kirre im Kopf, das Wort. So könnte Deutschland sein, wenn es keinen Krieg gegeben hätte und wenn die Juden nicht vergast worden wären. Dann wäre Deutschland so wie das Wort Neckarauen." Kracht: *Faserland*, S. 85.

[129] Vgl. z.B. Julia Catherine Sander: *Zuschauer des Lebens. Subjektivitätsentwürfe in der deutschsprachigen Gegenwartsliteratur*. Bielefeld: transcript, 2015, S. 105-106.

einem pejorativen Sinn dieser Existenzmodalität. Charakteristisch für Krachts Roman ist die bereits vor dem Romananfang thematisierte Namenlosigkeit, die, wie das Motto aus Samuel Becketts Roman *Der Namenlose* belegt, auf die grundsätzliche Brüchigkeit in der Identitätsbildung eines jeden Menschen weist. Mit Recht wurde in der Forschung darauf hingewiesen, dass die jungen Protagonisten von Pop-Romanen sich dadurch auszeichnen, dass ihr Verhalten mit dem Erwachsenenstatus kollidiert, so dass sie ewige Post-Adoleszente auf der Suche nach Identität und authentischen Bindungen bleiben, ohne die Reife erreichen zu können, die sie vielleicht retten würde.[130] Krachts Figur ist tatsächlich auch ein verspätetes Kind, das um seine Reife gar nicht besorgt ist; er ist dazu verdammt, seine nostalgisch kolorierten Erinnerungen an die eigene Kindheit immer wieder zu evozieren. Ebenfalls charakteristisch ist für Krachts Romanfigur die Markenversessenheit, womit ein Ersatz für die fehlende Identität gesucht wird. Lebensstil, Outfit, modische Konsumprodukte und Labels gelten im Roman allgemein als Orientierungspunkte, als stabilitäts- und identitätsstiftende Requisiten. Das Prägende in Krachts Text ist das Unüberwindliche im Fremdsein, und doch ist diese Unüberwindlichkeit erzählerisch in einem sozial bewegten Leben situiert. Hinzu kommt ein tiefes, unverstandenes Unbehagen, das der Erzähler in sich gut verborgen herumträgt, ohne darüber ernsthaft nachzudenken. Beschuldigt wird von Seiten des Protagonisten nicht das eigene Eingebildetsein, sondern die allgemeine „Verkommenheit"[131], die Omnipräsenz von unangenehmen Menschentypen (ganz besonders von Nazi-Typen[132]), die „Geschmacklosigkeit"[133] der Züge, die Hässlichkeit mancher Städte („Frankfurt ist ja auch so extrem abstoßend [...]"[134]).

Es gibt im Roman sehr viele Belege für die Verfallssymptome und die dominierende Hässlichkeit, die der Erzähler überall wahrzunehmen glaubt. Der Herumreisende betrachtet seine Lebenswelt meistens aus einer ästhetisierenden Perspektive und kann nicht umhin, seine schroffen Urteile hin und wieder auch zu äußern. Ästhetisierende Kriterien ersetzen bei ihm politische oder moralische. Die Ausblendung moralischer und politischer Bewertungen zugunsten ästhetisierender Urteile ermöglicht die Erhebung einer satten Pauschalanklage gegen den Liberalismus, die Demokratie, die politische Korrektheit, die guten Manieren, die bescheidenen Konsumwaren, die allgegenwärtige Verfälschung und Täuschung. Krachts Romanheld ist ein gnadenloser Provokateur, zugleich ist er mit der Aufrechterhaltung seiner distinguierten Konsumwelt beschäftigt und zutiefst

---

[130] Hierzu vgl. Nicole Gast: *Erwachsenwerden im deutschen Pop-Roman: Der Reifeprozess der Protagonisten in* Faserland, Soloalbum & Co. Hamburg: disserta Verlag, 2014, bes. Teil III.

[131] Kracht: *Faserland*, S. 30.

[132] Ebd., z.B. S. 20, 53, 94.

[133] Ebd., S. 24, 82.

[134] Ebd., S. 82.

in den Strukturen jener Welt verfangen, die er als betrügerisch oder sinnlos empfindet. Eine permanente Kampfhaltung ist an ihm bemerkbar, ein wirrer Zorn, oft mit grotesken Zügen versehen, der fast rituell auf Gelegenheiten der Entladung wartet. Zugleich nährt er sich von einem gekränkten Infantilismus, von einer wehmütigen Nostalgie der eigenen glücklichen Kindheit gegenüber, die er in sich hinter einem Panzer aus Gleichgültigkeit und Abneigung verbirgt. Auswege aus dieser emotionellen Situation, aus dieser kaputten Lebensbefindlichkeit bietet Krachts Roman nicht.

7.2 Gekränkter Infantilismus

Bereits im ersten Kapitel wird im Protagonisten eine gewisse Integrität des Gefühls bemerkbar, die seine Arroganz temperiert. Nicht selten erscheint diese Integrität mit einem gekränkten Infantilismus vermengt, der die ästhetisch verbrämten Erinnerungsfetzen aus der Zeit der Kindheit heiligt. Erzählt wird hier von einem scheinbar verheißungsvollen Flirt mit einem hübschen Mädchen, der in sexueller Befriedigung enden könnte. Der Epilog ist für den Erzähler schwer enttäuschend, obwohl der Grund dafür ziemlich banal ist. Trotzdem löst das Scheitern in ihm eine Kränkung aus, als ginge etwas Wichtiges unwiederbringlich verloren. Den ‚Melankoliker mit Barbour-Jacke', so wollen wir hier den Namenlosen nennen, der dieses Kleidungsstück quasi als eine Uniform trägt, und alle Begebenheiten teils aus melancholischer teils aus alkoholisierter Perspektive erzählt, trifft das Misslingen überraschend hart. Zunächst beobachtet er mit Interesse seine Partnerin, auch um zu erfahren, ob die schöne Farbe ihrer Augen von Kontaktlinsen herrührt. Die Atmosphäre entpuppt sich jedoch in kurzer Zeit als nur scheinbar nett. Während der Annäherung lässt sich der Erzähler von hämischen Gedanken bezüglich der nicht besonders glamourösen Kundschaft der Fischbude ablenken und insgeheim freut er sich, wenn Karin (so heißt das Mädchen) irrtümlicherweise zu glauben scheint, sein Grinsen sei ein Effekt ihrer Witze:

> Andauernd ruft jemand von Gosch über das Mikrophon irgendwelche bestellten Muschelgerichte aus und lenkt mich immer wieder ab, weil ich mir vorstelle, daß eine der Muscheln verseucht ist und heute nacht irgendein chablistrinkender Prolet ganz schlimme Bauchschmerzen kriegt und ins Krankenhaus gebracht werden muß mit Verdacht auf Salmonellen oder irgendsowas. Ich muss grinsen, wie ich mir das vorstelle, und Karin denkt, ich grinse über den Witz, den sie gerade erzählt hat, und grinst zurück, obwohl ich, wie gesagt, gar nicht zugehört hab.[135]

[135] Ebd., S. 14.

Die für einen Flirt ungünstige Atmosphäre lässt im Protagonisten die Überzeugung entstehen, dass die Annäherung woanders fortgesetzt werden sollte. Unerwartet aber kommen in ihm auf dem Weg zu einem anderen Lokal Kindheitserinnerungen auf, die ganz und gar nicht zum Augenblick passen und verborgen bleiben müssen, weil sie als peinlich empfunden werden würden. Diese Erinnerungen lenken ihn ab und lassen die Insel nun plötzlich nach all den hässlichen kleinen Details in einem neuen Licht erscheinen:

> Ab da höre ich nicht mehr zu, weil mir plötzlich dieser Geruch der Holzbohlen und des Meeres in die Nase steigt, und ich denke daran, wie ich als kleines Kind immer hierher gekommen bin, und beim ersten Tag auf Sylt war das immer der schönste Geruch: wenn man das Meer lange nicht gesehen hatte und sich riesig darauf freute und die Holzbohlen durch die Sonnenstrahlen so einen warmen Duft ausgeströmt haben. Das war ein freundlicher Geruch, irgendwie verheißungsvoll und, na ja, warm. Jetzt riecht es wieder so, und ich merke, wie ich fast ein bißchen heulen muß, also zünde ich mir schnell eine Zigarette an und fahre mir mit dem Ärmel meines Barbours über die Stirn.[136]

Wie ein vergessener Zauber wird die Erinnerung an die verlorene Kindheit wach, an die lieblichen Ängste und Wünsche, die nur noch unverdorbene Naturen empfinden können:

> Es gibt ein Geheimnis, das wir Kinder, die früher auf Sylt Ferien machten, immer erzählt bekamen, hinter vorgehaltener Hand: Weit draußen, vor Westerland, wo heute die riesige Nordee liegt, gab es einmal eine Stadt, die Rungholt hieß. Diese Stadt war früher Teil der Insel, bis vor zweihundert Jahren oder so eine große Sturmflut kam und alles ins Meer zog, in den blanken Hans, so hieß das Meer nämlich damals. Jedenfalls sind alle Einwohner damals ertrunken, und das Geheimnis dabei war, daß man, wenn man bei Westwind genau hinhörte, die Kirchturmglocken von Rungholt hören konnte, wie sie unter dem Meer den Christen zum Gebet läuteten. Das hat uns immer eine Heidenangst eingejagt, diese Vorstellung, aber oft sind wir Kinder an den Strand gegangen, nachts, um zu lauschen, die Ohren ganz dicht in den Sand gepreßt.[137]

Parallel zu dem wenig bedeutenden Geschehen – inzwischen haben sich der Protagonist und Karin mit einem Freundespaar am Strand getroffen – bilden die Kindheitserinnerungen in ihrer Wärme und Suggestivität das einzig Lebendige in diesem Romankapitel und verweisen darauf, dass der Erzähler keine Lust hat, oberflächliche Bindungen einzugehen. Statt sich auf Karin als ‚Eroberungsobjekt' zu konzentrieren, wie es im Sinne dieses Kurzabenteuers zu erwarten wäre,

---

[136] Ebd., S. 16.
[137] Ebd., S. 18-19.

lässt er sich von den „goldenen Härchen" auf ihren Armen ablenken und überlässt sich noch einmal seiner Nostalgie:

> [...] und ich erinnere mich daran, wie ich einmal, als kleiner Junge, neben einem kleinen Mädchen auf einem Handtuch am Strand von Kampen gelegen habe, wir beide auf dem Bauch, und das kleine Mädchen war eingeschlafen, und ich habe ihr den weißen Sand über den Arm rieseln lassen und beobachtet, wie sich der feine Sand in ihren Armhärchen verfangen hat. Davon ist sie aufgewacht, und sie hat mich angelächelt, und dann haben wir zusammen am Meer mit bunten Plastikschaufeln eine Sandburg gebaut. Ich hatte eine orangefarbene Schaufel, das weiß ich noch genau.[138]

Ins Erzählgefüge werden also Bilder montiert, die einem Werk des Poetischen Realismus gut anstehen würden; sie bekräftigen den nostalgisch geprägten Blick des Protagonisten, der sich in der Rückschau gerne die Vorstellung einer heilen Kindheit zurechtlegt. Ausschließlich die Erinnerung an das kleine Mädchen ist es, die das Zusammensein mit Karin nun plötzlich in ein quasi magisches Licht taucht. Der Flirt wird abrupt beendet, als der Erzähler darauf besteht, am nachfolgenden Tag abreisen zu müssen, obwohl er es eigentlich gar nicht nötig hat. Karin lässt ihn daraufhin allein sitzen und fährt weg, ohne sich zu verabschieden. Dieses Ende bezeugt die Inkonsistenz des beschriebenen Geschehens und präfiguriert für den Rest des Romans Sozialkontakte als ein futiles, unverbundenes Nebeneinander. Zugleich zeigt es das unbeirrbare Festhalten des Protagonisten an seiner vermeintlichen Unversehrtheit.

Das psychologische Bild, das diese Episode vermittelt und das später im Roman weitere Bestätigungen erhält, lässt den Argwohn wachsen, dass radikale Fremdheit in sich eine gewisse Unreife bergen kann, eine Form von Unzulänglichkeit, die einem gekränkten Infantilismus entstammt.

7.3   Eine Art Gefühlsintegrität

In Krachts Roman wird ein Porträt des radikal Fremden als eines postmodernen Dandys gezeichnet. Irritierbarkeit, Arroganz, Selbstbezogenheit, Launenhaftigkeit prägen die Persönlichkeit dieser Figur. Und doch schleicht sich in sie eine depressive Attitüde hinein, die die spontane, unproblematische Lebenslust auslöscht. Selbst die Kontaktvielfalt im sozialen Leben kann gegen die Wahrnehmung der eigenen Fremdheit und Sonderbarkeit wenig ausrichten. Ein konstitutives Element darin ist die Evokation einer gewissen Gefühlsintegrität, einer Art emotionaler Unversehrtheit, die in den Tiefenschichten dieses Typus verborgen liegen soll. Davon hat der Protagonist selber keine Kenntnis. Aber der Roman ist

---

[138] Ebd., S. 22.

mehrfach darum bemüht, diese Gefühlsintegrität durch das Gestrüpp von merkwürdigen und skurrilen Situationen hindurch ans Licht zu bringen. Mit anderen
Worten ist der Protagonist von *Faserland* kein einfacher Schickimicki, sondern
überraschenderweise ein zart fühlender Sonderling, ein labiler und lädierter
Dandy mit Sehnsüchten.

Die Gefühlsintegrität kommt besonders in den Erzählteilen zum Vorschein,
in denen die Beziehung des Protagonisten zu seinen Freunden Nigel, Alexander
und Rollo in den Fokus gerückt wird. Doch auch in anderen weniger ausführli-
chen Episoden ist dieses Motiv anzutreffen, etwa dort, wo der Erzähler die alte
Frau „mit dem Siegelring" in der Lufthansa-Maschine beobachtet, oder wenn er
über den betagten Mann „mit den acht Fingern" hinter der Rezeption im Hotel
Alt Heidelberg Vermutungen zu dessen Vergangenheit als Ex-Ostfrontsoldat an-
stellt. Gegenüber einer Welt, die als immer potenziell ekelhaft oder bedrohlich
angesehen wird, werden von dem Ich-Erzähler Strategien des Selbstschutzes zur
Anwendung gebracht, die seine Empfindlichkeit deutlich hervorschimmern lassen. Im Folgenden werden einige Textbelege mit dieser motivischen Konstellation näher beleuchtet.

Im Kapitel zwei zum Beispiel gibt sich der Erzähler gleich wieder einer seiner Proust'schen Reminiszenzen hin, diesmal beim Geruch von Bohnerwachs,
weil er dem „Geschwätz" von Nigel (wie schon bei Karin im ersten Kapitel)
nicht richtig zuhören kann. Aus der frühen Jugend taucht die Erinnerung an seine
erste Freundin Sarah auf, bzw. an die heile, saubere und freundliche Welt ihrer
Familie, von der er einmal zum Abendessen eingeladen wurde. Der Geruch von
Bohnerwachs ist mit Fleiß, Sauberkeit, Anstand usw. gleichbedeutend. Der
Abend könnte nicht besser verlaufen, allerdings ist der Gast aufgeregt und ganz
schön betrunken, lässt sich jedoch nichts anmerken und bekommt von seiner
Freundin den Gute-Nacht-Kuss, von dem er meint: „ich weiß heute noch, wie der
Kuss schmeckte, nämlich nach Wein und nach Honig."[139] Entsprechend dem
ungeschriebenen Gesetz von *Faserland*, dass alle Gefühle verdorben werden
müssen, geschieht es in der Nacht, dass der Körper des Protagonisten nicht mit-
macht und Darm und Magen im Gastbett entleert. Aus Scham flieht der Ich-Erzähler mitten in der Nacht aus der Wohnung und damit ist es mit der netten
Freundin und mit ihrer netten Familie definitiv vorbei. Wenige Stunden nach
dieser Erinnerung zerplatzt auch die Freundschaft zu Nigel. Auf einer Party, wo-
hin er mit Nigel gegangen ist, wähnt der Erzähler, eine zarte Empfindung für ein
dort kennengelerntes Mädchen zu verspüren. Bald muss er feststellen, dass das
Gefühl von der Droge kommt, die er zusammen mit ihr versuchsweise ge-
schluckt hat. Als ob dies nicht schon genug wäre, bringen die Umstände ihn
dazu, dem übermäßig starken Erbrechen des Mädchens zuzuschauen, was dem
zarten Empfinden schnell ein Ende setzt. Als er nach Hause zu Nigel zurück-

---

[139] Ebd., S. 33.

kommt, wird es ihm nicht besser ergehen. Auch in diesem Fall vernichtet das Körperliche in Form von hässlicher Sexbefriedigung, die ebenfalls von der Droge kommt, alles Zärtliche. Nigel nimmt an einer ziemlich merkwürdigen Orgie teil und nimmt keine Notiz von dem „Freund", der unter Schock die Wohnung für immer verlässt.

Dasselbe Muster wiederholt sich an einer anderen Textstelle, wo der Ich-Erzähler über Isabella Rossellini als ideale Ehefrau Fantasiert, mit der er gerne Kinder zeugen würde. Auch in diesem Fall taucht eine (gefälschte) heile Welt auf, wonach sich der Erzähler, trotz seiner Panzerung als Gleichgültiger und Missbilligender, intensiv sehnt. Was er an der berühmten Schauspielerin am meisten schätzt, das sind die kleinen Unschönheiten an ihrem Körper, die sie besonders menschlich erscheinen lassen.[140] Diese Sehnsucht nach integrer Menschlichkeit, nach ‚echten' Gefühlen und Erlebnissen, durchzieht überraschenderweise *Faserland* und legt die Vermutung nahe, dass radikale Fremdheit auch eine Pose, eine Attitüde sein kann, der kaum Wesentliches entspricht. Eine Bestätigung dieser Vermutung lässt sich an ähnlichen weiteren Abenteuern, Reflexionen und Fantasien des Erzählers ablesen. Einen weiteren Beleg bietet zum Beispiel der Erzählstrang über Alexander, einen alten Freund des Erzählers, der immer noch eine wichtige Rolle für ihn spielt, obwohl die Freundschaft inzwischen längst abgeflaut ist. Der Erzähler bewundert Alexander für sein ausgedehntes Reisen um die Welt auf der Suche nach der Verbreitung der Popmusik und gleichzeitig kann er dessen Vorhaben nicht wirklich nachvollziehen. Mit tiefem Bedauern erinnert er sich an den Streit, nach dem Alexander ihm die Freundschaft gekündigt hatte. Der Verlust erfüllt ihn nach mehreren Jahren noch mit Trauer. Wäre er wirklich der Verächter, für den er sich gerne ausgibt, sollte der Ich-Erzähler darüber hinwegsehen können. Dazu ist er aber offensichtlich nicht hartgesotten genug. Im Hotel[141] meint er, die Rezeption anzurufen, um eine Cola aufs Zimmer zu bestellen. Als wäre er aber von einer unbekannten Macht ferngesteuert, wählen seine Finger irrtümlich die Rufnummer Alexanders, der tatsächlich das Gespräch entgegennimmt. Daraufhin kann der gelähmte Ich-Erzähler nicht einmal den Mut aufbringen, ihn zu begrüßen, und legt auf, ohne ein Wort gesagt zu haben. Nachdem er aufgelegt hat, muss er sich im Hotelbett erbrechen.

Ein ähnliches Trauergefühl ist deutlich zu verspüren in den Erzählteilen, in denen es um den Freund Rollo geht. Der Erzähler empfindet Dankbarkeit für Rollo, weil dieser ihm vorher auf einer Party geholfen hatte, nachdem er wegen übermäßigen Trinkens in Ohnmacht gefallen war. In seine Beziehung zu ihm mischen sich auch Mitleid und Mitgefühl, da auch Rollo wie der Erzähler ein sehr einsamer Mensch ist, der nach ‚echten' Bindungen sucht, aber innerlich stets ein-

---

[140] Vgl. ebd., S. 56-57.
[141] Vgl. ebd., S. 74-75.

sam bleibt und wegen seines Reichtums von seinen vermeintlichen Freunden ausgenutzt wird. In dieser Beziehung des Erzählers zu einem Freund liegt ein gewisses Ideal von konfliktfreier Gemeinschaftlichkeit und unverstellter Kommunikation. Aber dieses Ideal ist nichts mehr als eine faule Idylle. Der Hauptzug der Simulation, der in der Charakterveranlagung des Ich-Erzählers lauert, manifestiert sich hier auf besonders krasse Art und Weise. In Meersburg nimmt der Erzähler an Rollos Geburtstagsparty teil und kann sehr gut das Ausmaß an Einsamkeit und an Verzweiflung, an dem Rollo zugrunde geht, beobachten:

> Aber diese Menschen hier auf der Party, diese gutangezogenen, schönen Menschen, das sind ganz und gar nicht seine Freunde. Ich denke, daß er das noch nicht einmal merkt, wenn sie über seine blöden Witze lachen, oder wenn ihm die Mädchen aus Lindau oder aus Friedrichshafen zulächeln und ihre Brüste etwas weiter vordrücken, nur weil seine Familie eine große Villa am Bodensee hat, und ein Haus in Cap Ferrat und noch eins in East Hampton. Da läuft er hin und her, der arme Rollo, und er sieht es nicht, daß alle ihn gar nicht kennen wollen.[142]

Auf der Grundlage dieser klaren Einschätzung der Situation wäre die Zeit gekommen, dem Freund Hilfe zu leisten, zumal Rollo, der täglich Valium in kleinen Dosen wie eine Droge schluckt, dringend Tabletten braucht, um sich zu beruhigen. Und fast wird im Text der Eindruck vermittelt, dass es dazu kommen wird: Der Ich-Erzähler zeigt sich wirklich von Rollos Hilfebedürfnis berührt. Aber er kann sein ihn prägendes Distanzgefühl nicht überwinden und Rollos Traurigkeit erfüllt ihn letztlich nur mit Abneigung. Ohne sich weiter um ihn zu kümmern, verlässt er die Party und zögert nicht, mit dem Porsche seines Freundes wegzufahren. Aus der Zeitung wird er am Tage darauf erfahren, dass Rollo noch am selben Abend Selbstmord begangen hat. Noch einmal haben beim ‚Melalkoliker‘ die Entfremdung, die Unverbundenheit, das Unvermögen, Bindungen einzugehen, den Sieg davongetragen. Die Beeinträchtigung des Willens ist bis zuletzt eine der Haupterscheinungen in Krachts *Faserland*.

---

[142] Ebd., S. 139.

8 Rainald Goetz: *Johann Holtrop. Abriss der Gesellschaft* (2012)

8.1 Triumph der Verachtung

Rainald Goetz' *Johann Holtrop. Abriss der Gesellschaft* erzählt vom Erfolg, Fall und Untergang des Top-Managers Johann Holtrop und zugleich von einem erbitterten Machtkampf innerhalb des von Holtrop geführten Unternehmens während der Nullerjahre. Im Roman wird vor allem ein Einzelporträt konstruiert, indem die Persönlichkeit dieses narzisstischen, vor unternehmerischer Energie strotzenden Egomanen unserer Gegenwartszeit geschildert wird, der das problematische Talent in sich trägt, eine große Firma zuerst zum Erfolg, dann an den Rand des Zusammenbruchs zu führen, und später eine andere Firma geschickt in den Bankrott lenkt. Parallel dazu zeigt er seine verblüffende Fähigkeit, zuerst eine steile Karriere und dazu auch öffentliche Anerkennung für sich zu erkämpfen, dann aber zu einer Zielscheibe des öffentlichen Hohns wegen seiner schweren Fehler zu werden, bis er sich zum Schluss, als Krönung des Ganzen, einen sinnlosen Tod beschert. Zu Romanbeginn befindet sich der Protagonist Holtrop gerade im Zenit seiner Berufsbahn als amtierender Chef und Vorstandsvorsitzender des deutschen Unternehmens „Assperg Medien A.G."[143] und kann in seinen Entscheidungen rücksichtslos vorgehen. Am Romanende hat er nach seiner Fehlleistung beim Konzern „Lanz AG" alles verloren: sein Ich, zerstampft und zertreten infolge einer vernichtenden psychiatrischen Behandlung, seine Familie, die ihn verlassen hat, seine Anstellung, seine Ehre und seinen Ruf in der Öffentlichkeit. Selbst der halb zufällig eintretende, halb selbst herbeigeführte Tod zeugt

---

[143] Die „Assperg Medien A.G." ist ziemlich eindeutig mit dem Bertelsmann-Konzern zu identifizieren, obwohl sie selbstverständlich Fiktion bleibt. Denn auf S. 50 des Romans steht geschrieben, dass die Zeitschrift *Stern* dem Assperg-Konzern gehöre („Erst 1983, nach dem Organisationsdesaster um die vom Stern erfundenen Hitlertagebücher, hatte Assperg […]). Holtrop, der wie der ehemalige Chef von T-Online heißt, wird in allen Rezensionen mit Thomas Middelhoff identifiziert. Middelhoff amtierte von November 1998 bis Juli 2002 als Vorstandsvorsitzender der Bertelsmann AG und von Juni 2004 bis Februar 2009 der Arcandor AG (bis 2007 KarstadtQuelle AG). Andere Ähnlichkeiten zwischen Assperg und Bertelsmann gäbe es auch, zum Beispiel in Bezug auf die Figur von Kate Assperg, die etwas an Liz Mohn erinnert. Wenn Holtrop mit Middelhoff zu identifizieren wäre, bezöge sich dann der andere im letzten Buchteil genannte Konzern „Lanz AG" auf die Arcandor AG.

zum letzten Mal, jeder Tragik entbehrend, für die skurrile Mischung in dieser Menschengestalt von Trotzgefühl, Wagemut und Selbstverblendung. Holtrop ist ein völlig integriertes Mitglied des Systems, dem er angehört, zugleich jedoch erscheint er wie ein irrwitzig und ungebunden rasender Stern. In ihm ist nicht das Privatinteresse das Hauptmovens, sondern die Wahnvorstellung, Expansion um jeden Preis auch in Krisenzeiten einschränkungslos zu verfolgen und sich dabei dauernd als Erfolgsmann zu inszenieren. Auch besteht Holtrops Ehrgeiz darin, die Menschen in der Firma, die er als Konkurrenten, Schädlinge oder Störfaktoren betrachtet, eiskalt niederzuwalzen. Holtrop ist kein radikal Fremder, auch innerlich und geistig ist er trotz seiner völligen Vereinsamung im System keineswegs abgekapselt; es ist die Erzählinstanz selber, die in diesem Roman mit aller Wucht und zwar durch satirische Verzerrungen, Sarkasmen, Verdammungsurteile und Invektiven den Standpunkt der radikalen Fremdheit vertritt und Holtrops Schicksal ebenso wie den „Abriss der Gesellschaft" als Demonstrationsobjekte für ein stolzes Außenseitertum nutzt.

Der Roman besteht aus drei Teilen, jeder davon illustriert eine bestimmte Phase in Holtrops Karriereverlauf und im firmeninternen Machtkampf. Im ersten, „Orte" betitelten und 1998 beginnenden Teil wird erzählt, wie der noch mächtige Holtrop, der bei der Mutterfirma in Schönhausen amtiert, seinen Hauptgegner bei der Tochterfirma „Arrow PC" in Krölpa, den gutmütigen Thewe, unter massiven Druck setzt und schließlich rausschmeißt, indem er ihm die Hauptverantwortung für gewisse, sehr zweifelhafte Management-Praktiken zuschreiben lässt, ohne allerdings vernichtende Beweise dafür zu haben, jene ausgenommen, die die Firma selbst involvieren würden. Nach seinem Rausschmiss wird sich Thewe aus Enttäuschung über die Rücksichtslosigkeit der Entlassung und die daraus entstehende soziale Isolierung das Leben nehmen. Anhand der Thewe-Affäre werden im ersten Romanteil zum einen das in der Firma dominierende Klima von Misstrauen und Missbilligung, zum anderen die engen Verbindungen zwischen führenden Managern der „Arrow PC" und ehemaligen Mitgliedern der lokalen DDR-Elite gezeigt oder angedeutet. Das Erzählen in diesem ersten Teil, allerdings auch in den beiden anderen Teilen, hat etwas Episodisches; weder ein straff geführter Plot noch ein gesellschaftliches Gemälde sind das Hauptanliegen des Autors; im Unterschied dazu sind die detaillierte Darstellung von Machtritualen in verschiedenen Alltagssituationen innerhalb der Firma sowie das skizzenhafte Porträtieren von Manager-Typen das Wichtigste. Im zweiten Romanteil, der den Titel „Taten" trägt und 2002 beginnt, gerät Holtrop allmählich in Bedrängnis, obwohl seine Maßnahme gegen Thewe erfolgreich, eben sogar mit Thewes Selbstmord, endet. Denn die finanzielle Lage des Assberg-Konzerns verschlechtert sich zusehends wegen einer falschen Einschätzung des Kreditrisikos, der negativen wirtschaftlichen Konjunktur und nicht zuletzt auch wegen einer sehr kostenaufwendigen Beteiligung an einem chinesischen privaten Fernsehsender. Die Feinde von Holtrops Management innerhalb der Firma gewinnen immer mehr an Einfluss auf den Konzerninhaber und besonders auf seine mächtige und ihn malträtierende Ehefrau Kate Assperg und machen Holtrop nicht zu Unrecht für die schiefe Lage des Unternehmens verantwortlich. Um die feindliche Offensive zurückzuschlagen, vermehrt Holtrop sein Engagement innerhalb des Konzerns in allen Tätigkeitsbereichen. Auf diese Weise allerdings wird der mangelhafte Charakter seiner Kompetenzen in den verschiedensten Detailaspekten besonders manifest, so dass seine Reputation kaum besser wird. Zu seinem schlechten Image trägt auch die persönliche Abneigung von K. Assperg bei, die ihn für einen eitlen und widerspenstigen Charismatiker hält. Der dritte, viel kürzere, dafür aber ereignisreichere Romanteil heißt „Tage" und registriert in zeitlicher Beschleunigung das Geschehen ab 2010. Mit Holtrop geht es bergab: Er wird von Assperg gefeuert und gerät in eine ähnliche Isolation wie zuvor sein Gegner Thewe. Während eines kurzen Urlaubs in Paris mit seiner Frau dreht der gestresste und stimulantienabhängige Holtrop in einem Restaurant völlig durch, weil er sich von anderen Gästen beleidigt fühlt. Als Konsequenz daraus wird er in eine psychiatrische Anstalt eingeliefert und muss dort viel zu lange bleiben. Einmal nach Deutschland zurückgebracht, wird er einer massiven Zwangsbehandlung unterzogen, die seine Persönlichkeit stark verändert. Holtrop ist von nun an nicht mehr derselbe wie früher. Nach mühsamer Erholung schafft er jedoch überraschenderweise, auch dank einer reichen Geldabfindung, den neuen Start. Auf Anraten des flinken Finanzimpresarios Mack, dem Holtrop inzwischen sein gesamtes Privatvermögen anvertraut hat[144], wird Holtrop von Gabriele Heintzen[145] als CEO beim Konzern „Lanz A.G." eingestellt, und zwar mit der Perspektive, den Konzern aus einer Notlage herauszuführen und zu sanieren. Durch eine geschickte Image-Strategie wird nun Holtrop zu einer besonders populären Gestalt in der deutschen Öffentlichkeit und allgemein als Retter der „Lanz A.G." wahrgenommen. Die Rettung aber misslingt vollständig; der stark exponierte Holtrop gilt nur mehr als ein Scheiternder und als der Hauptverantwortliche für den Bankrott der schon angeschlagenen Firma. Vor dem definitiven Aus versucht er unverschämt, dem insolventen Konzern einige Millionen zu entwenden, die er als berechtigten Lohn für seine Dienste betrachtet. Zur gleichen Zeit ermittelt die Staatsanwaltschaft gegen ihn wegen Steuerhinterziehung. Ehre und Ansehen sind damit für Holtrop definitiv dahin, er wird zu einer Figur des öffentlichen Hohns. An einem Tag, verfolgt von seinen Gedanken und Visionen, klettert er auf einen Bahndamm und läuft einem schnell heranfahrenden Zug entgegen, in der Absicht, kurz vor dem Zusammenstoß von den Gleisen zu springen. Auch daran scheitert er aber, weil der ihn rettende Sprung misslingt. „Die Welt stand still in dem Moment. Dann drehte sie sich wieder weiter."[146]

---

[144] Gemeint wäre in der Wirklichkeit wohl Josef Esch.

[145] Gemeint wäre in der Wirklichkeit wohl Madeleine Schickedanz.

[146] Goetz: *Johann Holtrop*, S. 342.

Wie angedeutet, beherrscht Holtrops sperrige Persönlichkeit das Erzählszenario. Er ist der Typus des Erfolgsmanagers der Nachwendezeit und des Egomanen zugleich, der ein unbeschränkt hohes Selbstwertgefühl hat und sich keine Grenzen setzen will. In ihm sammeln sich alle jene Charakterzüge, die in der Erzählhaltung des Romanerzählers die Reaktion der radikalen Fremdheit auslösen. Es ist kein Zufall, dass sich die Erzählinstanz in diesem Roman als besonders scharf und aggressiv in ihren Urteilen über die verschiedenen Figuren und über den Firmenalltag zeigt. Es wird eine Welt von Managern, Angestellten und Chefs dargestellt, die durch eine diffuse, alle zwischenmenschlichen Beziehungen prägende Verachtung charakterisiert ist. Das „überall herrschende System der alle einenden Verachtung"[147] bestimmt den Betriebsalltag und konditioniert die Umgangsformen aller Involvierten. Es wird verachtet, aber nur selten offen, meistens werden Strategien der Kaschierung aktiviert; allgemeine Verachtung generiert ein Misstrauens- und Verdachtsklima und die Notwendigkeit bei denen, die Kraft genug haben, sich zur Wehr zu setzen und fremder Aggressivität durch passende Gegenmaßnahmen entgegenzutreten. Schmeichelei und Anbiederung sind die Kehrseite der Medaille. Wenn man nicht offen oder kaschiert verachten darf, dann biedert man sich demütig und furchtsam bei denen an, die Kraft und Macht zur Verachtung ausagieren können. Wenn keine Verachtung am Werk ist, dann ist es Konvention, der billige Ersatz dafür, die die interpersonalen Relationen regelt. Goetz' *Johann Holtrop* ist ein Roman über die Machtausübung in der Wirtschaftswelt; er thematisiert Willkür, Megalomanie und Selbstverblendung in jenem Bereich, wo ein pragmatischer und vor allem ein menschenfreundlicher Rationalismus, möglichst ohne diktatorisches Verhalten und Ellenbogenmentalität, herrschen sollte. Der Top-Manager Holtrop kennt das System der Verachtung, aber er bemüht sich keineswegs, es zu verändern; sein Interesse geht nur dahin, davon zu profitieren; die „strukturelle Kaputtheit des Systems der Verachtung" erzeugt in ihm „den Überlegenheitsgedanken" und das Hochgefühl der eigenen Andersartigkeit.[148] Holtrop verachtet im Grunde all diejenigen, die im Betrieb seine Tätigkeit irgendwie eindämmen oder aufgrund ihrer Kompetenzen und Kontrollfunktionen konditionieren. Sehr gut meint er, übrigens mit Recht, zu wissen, dass seine Grundeinstellung erwidert wird, deshalb macht er sich keine Mühe, vorsichtiger und nüchterner über seine Konkurrenten zu urteilen. Im Roman werden an mehreren Stellen Dialoge angeführt, in denen zwischen ihm und anderen Führungskräften verdeckte Machtkämpfe stattfinden, Erpresserisches, Böswilliges geäußert wird und hämische Hintergedanken oder Drohungen unterschwellig die Relationen prägen. Ein Höhepunkt in dieser Konstellation ist die Geschichte von Thewes Entlassung. Im Romanaufbau nimmt sie einen relativ breiten Raum ein, indem sie bereits auf den ersten Seiten ansetzt und ungefähr

---

[147] Ebd., S. 24.
[148] Ebd., S. 25.

84

bis zur Hälfte fortgeführt wird. Sie zeigt auf, mit welcher Energie, auch unter Anwendung von Spionage, Holtrop den Rausschmiss möglich macht und Abwehrmaßnahmen gegen eventuelle Rachefeldzüge seines Gegners ergreift, die der Firma Schäden zufügen könnten und doch schließlich ganz ausbleiben. Holtrop verachtet Thewe für seine angebliche Ineffizienz und empfindet kein Mitleid für sein trauriges Schicksal. Der Gedanke an seine Leiche belästigt ihn, und doch fühlt er sich dabei erleichtert und sogar revitalisiert, als hätte das definitive Verschwinden des Rivalen in seinem Leben eine neue Perspektive eröffnet: „,Diese Null', dachte Holtrop und stieg vom Rad. Er ging nach draußen, sprang in den Pool und fing zu kraulen an. ,Ja, ja, ja', Thewe war tot, aber er, das merkte er beim Kraulen, ,ich, ich, ich', dachte Holtrop, lebte."[149]

8.2   Wirtschaftsromane gestern und heute – ein Vergleich mit Dieter Wellershoffs *Der Sieger nimmt alles* (1982)

Es ist ein Verdienst sowohl Wellershoffs als auch Goetz', sachkundig einen komplexen Wirtschaftsroman verfasst zu haben, also etwas, das nicht häufig auf dem literarischen Buchmarkt zu finden ist. Bei Wellershoff ist die Erzählhaltung in *Der Sieger nimmt alles* polyperspektivisch und realistisch-neutral, bei Goetz ist sie auktorial-personal mit stark satirischen oder vernichtend-stigmatisierenden Kommentaren des Erzählers. Erfrischend für den kritischen Leser ist die Tatsache, dass, wie es schon bei Wellershoff der Fall war, auch bei Goetz keineswegs eine beliebige Geschichte, sondern vielmehr ein typisches unternehmerisches Laufbahnmuster im Zusammenhang eines Epochenumbruchs dargestellt wird. Beide Romane haben die Zielsetzung gemeinsam, moralisch-menschliche Defizite der Geschäftemacher, Kapitaleigner und Unternehmer vor dem Hintergrund einer krisenhaften Zeit anschaulich zu machen. Bei Wellershoff ging es um die überraschende Karriere des Außenseiters Ulrich Vogtmann in den Siebzigerjahren, zu der Zeit also, als das Wirtschaftswunder definitiv zu Ende war. Das Hauptfeld des Erzählens lag dort auf den Jahren 1977/78, als Konkurse mittelständischer Unternehmen, Terroranschläge und die Entführung Hans Martin Schleyers das öffentliche Leben prägten. Bei Goetz laufen Holtrops Aufstieg und Fall parallel zu der internationalen Wirtschafts- und Finanzlage vom Boom der New Economy bis zur globalen Bank- und Finanzkrise als Teil der weltweiten Krise ab 2007. Eine zentrale Funktion in der Dynamik des Geschehens in beiden Werken nimmt eine katastrophale, in der Wirtschaftswelt typische Fehleinschätzung ein, die auf ähnliche Weise von dem hysterischen Willen nach stets wachsender Expansion und Vergrößerung des Umsatzes und nach mehr persönlichem Glück gesteuert wird. Bei Wellershoff monopolisiert eine Supermarkt-Kette im

[149] Ebd., S. 177.

süddeutschem Raum die Lieferkapazität des von Ulrich Vogtmann geführten Unternehmens, bleibt jedoch mit den Zahlungen im Rückstand und bietet Vogtmann angesichts der Gefahr von Insolvenz und Bankrott die Übernahme zu scheinbar günstigen Bedingungen an, wohingegen das Geschäft tatsächlich ganz nachteilig wegen verdeckter Schulden-Altlasten und des faktisch schon eingetreten Bankrotts ist. Der Betrug ist so geschickt arrangiert, dass die Drahtzieher juristisch nicht mehr zur Verantwortung gezogen werden können. Bei Goetz spitzt sich die Finanzlage der Firma Assperg dramatisch zu, als ein von Holtrop unterstütztes Kreditgeschäft mit einem schon sehr angeschlagenen Unternehmen (Binz) besonders nachteilige Auswirkungen auch wegen der schlechten Konjunktur nach dem 11. September zeitigt. Eben dieser Parallelismus im Geschehen beider Romane bietet einen guten Anlass, um die Persönlichkeit beider Protagonisten miteinander zu vergleichen. Hier fallen besonders stark die Unterschiede auf. Nur die Wichtigkeit des Geldes als eines sozialen und individuellen Handlungsantriebs bleibt als wesentliche Gemeinsamkeit bemerkbar. Denn in den Augen beider Protagonisten erscheint das Geld als Lebensnerv und Fantasiebeförderer ersten Ranges, der Allmachtsträume auslöst. Möglicherweise zeugt diese Unterschiedlichkeit von einem grundverschiedenen narrativen Stil bzw. von einer starken Transformation des realistischen Ansatzes bei Goetz, da in seinem Roman, anders als bei Wellershoff, der auktoriale, geradezu *radikal fremde* Erzählton maßgeblich ist. Wellershoffs Erzählstil ist durch behutsame Einfühlung, der von Goetz durch offen kritische bis vernichtende Selbstdistanzierung charakterisiert. Ulrich Vogtmann inkarniert trotz eines gewissen Zynismus in ihm die typische labile Gestalt, die typisch gefährdete Subjektivität in den Romanen Wellershoffs. Als Wirtschaftsmanager ist zwar auch Vogtmann auf Aktivität und Dynamik, auf Steigerung und Erweiterung konzentriert; aber in seinem blinden Wahn, stets größer, reicher und mächtiger werden zu wollen, fällt er gleich mehrfach auf Betrüger und Spekulanten herein. Der soziale Aufstieg dieses durchschnittlichen Menschen verändert nicht dessen verborgene Charakterschwäche, dessen verborgenes Minderwertigkeitsgefühl. Immer wieder beschleicht ihn sein „Niemandsgefühl"; ab und an blitzt in ihm die Einsicht in die eigene Sinnlosigkeit und in die Falschheit seines gesamten Lebens auf. Vogtmanns Jagd nach dem geschäftlichen Erfolg erscheint als Kompensation für eine psychisch labile Grundstruktur, die durch Entwurzelung, Ich-Schwäche und narzisstische Anstrengungen geprägt ist. Ganz anders ist die Situation bei Holtrop. Er ist durchaus der Typ des aggressiven Managers der Nachwendezeit, der nicht nur Ostdeutschland, sondern die ganze Welt erobern will und hierzu von seinem aufgeblähten Selbstwertgefühl restlos erfüllt ist. Holtrops Profil erinnert an einen charismatischen Wirtschaftsguru von heute, der egozentrisch und egomanisch alles überstrahlen will. Negative Eigenschaften sind bei ihm offensichtlich, anherrschen und überrumpeln sind bei ihm beliebte Tätigkeiten. Keinesfalls entspricht er dem gerne in der Öffentlichkeit propagierten Klischee des guten Managers, der zum Vorteil des Unternehmens und eines gesunden Arbeitsklimas seine Mitarbeiter fördert und unterstützt. Holtrop verhält sich wie eine launische Kriegsmaschine, die sich leicht begeistern lässt und ebenso leicht bereit ist, ihre Vorlieben zu revidieren und ihre jeweiligen vermeintlichen Gegner zu vernichten. In Bezug auf Holtrop war Goetz keineswegs daran interessiert, eine analytisch-neutrale Darstellung zu vermitteln. Vielmehr wollte er den negativen Typus eines autoritären Pseudokünstlers porträtieren, der zufällig ins Wirtschaftsleben geraten ist. Holtrop ist auch ein funktionales Erklärungsmodell für unterschwellig zerstörerische Mechanismen in Wirtschaftsprozessen generell.

8.3   Radikale Fremdheit als generalisierte Erzählhaltung

Holtrops Antagonist im Roman ist weder Thewe noch Kate Assperg, sondern vor allem der Erzähler selbst, der sich nicht davor scheut, in jedem möglichen Zusammenhang des fiktiven Geschehens das Wort zu ergreifen, um seine Distanzhaltung und seine Ablehnung auch unter Anwendung von schroffen und vehementen Epitheta zu signalisieren. Dieses Erzählverhalten (eine neue Grenze des satirischen Realismus?) trifft allerdings nicht nur den titelgebenden Protagonisten, sondern die gesamte Romankonstellation. Radikale Fremdheit wird hier durch eine permanente Irritation, eine explizite Protesthaltung, durch Abscheu zum Ausdruck gebracht. Daraus ergibt sich das Gesamtbild eines so gut wie maroden Personals in den höheren und in den niederen Etagen der Firmenwelt, einer Realität, in der Dezisionismus, Rituale der Selbstinszenierung, Geringschätzung, raffinierte Tricks des Machtgebrauchs, Demütigung und Selbstunterwerfung den Alltag prägen. Fast überall herrscht im Roman eine Atmosphäre der Feindseligkeit, von Konkurrenzgeist, Argwohn und Rivalität geprägt, in der sich Machtkonfrontationen zuspitzen und ausbrechen und Gift verspritzt wird. Außerhalb dieser Welt gibt es nur sehr wenige Bereiche, in denen es möglich ist, Individualität zu wahren. Auf solchen Inseln der Selbstbestimmung bewegen sich allerdings nur sekundäre Figuren (zeitweise Thewe und Holtrops Ehefrau Pia), die im Erzählgefüge, offensichtlich intentionell, nicht sonderlich herausragen und doch deutlich im Kontrast zur Firmenwelt und zu Holtrop selbst stehen.

Wie in einem Vorspiel wird zu Romanbeginn, nach der Beschreibung des düsteren Standorts, wo der „Büromonolith" der Arrow PC, „sinnlos riesig" im Niemandsland von Krölpa, so neu und bereits so kaputt „wie Deutschland in diesen Jahren",[150] kalt und abweisend liegt, ein halb scherzhaft durchgeführter Versuch der Demütigung geschildert, vor dem sich das jeweilige Opfer nur durch Selbstisolation zu schützen weiß: Eine marginale Begebenheit ist das, die jedoch das Betriebsklima, das im gesamten Roman herrscht, erfahrbar macht und eine Kurzillustration dessen bietet, was danach kommen wird. Daran anschließend

---

[150] Ebd., S. 11.

beginnt fast unmittelbar der Handlungsstrang der fristlosen Entlassung Thewes, die von Holtrop in einem mit dem Firmenchef konzertierten Blitzangriff durchgeführt wird. Von Anfang an ist die Erzählersprache Holtrops durch eine böse Ausstrahlung geprägt sowie durch seine intime Kenntnis der Hebel, durch die sich das Firmenleben bewegen lässt: Ehre, Geiz, Geld, Ruhm, Faulheit, Strebertum, Dummheit und Intrigantentum.[151] Holtrop glaubt einschränkungslos an die Freiheit seines selbstbestimmten Handelns, sein Ich ist das perfekte Gegenteil von einem postmodernen Selbst. Er ist keinesfalls ein verspäteter Loser wie Krachts Melalkoliker: Holtrop ist böse, *aufstrebende Individualität* pur, ein Sinnbild des elektrisierten, wiedervereinigten Staates, der allerdings, wie Holtrops Charakter, sichtbare Risse im Putz aufweist. Der Romanerzähler thront unerbittlich über ihm und anderen Romanfiguren und bedient sich häufig Holtrops Perspektive, um von einem gleichfalls abwertenden Standpunkt aus über Figuren und Dinge zu Gericht zu sitzen.

Holtrop hat mächtige Feinde im Konzern, den Top-Manager Wenningrode und Kate Assperg vor allem, die gegen ihn intrigieren und nur auf den Tag warten, an dem er in Verruf geraten wird. Dem Dreck in der Firma entspricht in der konsumorientierten Welt draußen, wie der erboste Erzähler es formuliert, „der Dreck des Neuen an jeder Ecke, so billig, dass man nur in das allerbilligste Gelächter ausbrechen konnte."[152] Expansion um jeden Preis zu erzielen und die Dividende zu steigern ist das Gebot der Stunde bzw. es ist das Ziel der Fernsehwerbung, allen glotzenden Köpfen in den zugeschalteten Ländern einzutrichtern: „In jeder letzten Bruchbude wohnte ein Mensch mindestens, der noch nicht genügend laut von Fernsehwerbung angebrüllt wurde."[153] Zuerst gilt es für Holtrop, Freiraum für seine hocheffizienten Zielsetzungen zu schaffen bzw. den alten und verbrauchten Thewe zu eliminieren, das heißt den Vertreter der Umbruchszeit, als es noch nötig war, dubiose oder gar illegale Geschäfte zu machen und dazu noch obskure Allianzen mit der ehemaligen DDR-Elite vor Ort zu schmieden, um der Firma am Anfang den nötigen Schwung zu geben. Thewe wäre eben eine Gestalt à la Wellershoff, ein untergehender Stern, ein glückloser Chef. Etwas Tragisches haftet ihm an; in ihm entwickelt sich so etwas wie ein Würdegefühl, ein Wille zum Widerstand, der aber nicht durchkommt, weil Thewes Ich ausgebrannt ist und ihn kaum ein Epos des Einzelkämpfers, wie etwa in *Der Winterkrieg in Tibet* der Fall ist, in Marsch setzen kann. Gegen einen Weltmeister der Ellenbogen-Mentalität wie Holtrop kann einer wie Thewe kaum etwas ausrichten. Verfügt Thewe über geheime Akten, die der Firma schaden könnten? Holtrop wirft Thewe raus, lässt ihn beobachten, ausspionieren, um festzustellen, ob er gefährlich werden kann, aber Thewe hat nicht die Kraft, sich dagegen zu

---

[151] Vgl. S. 22.
[152] Ebd., S. 33.
[153] Ebd.

stemmen. An ein eigenes Geheimarchiv hat er nicht gedacht und deshalb steht er hilf- und schutzlos seinem Rivalen gegenüber da. Mit dieser Gestalt solidarisiert sich der Erzähler keineswegs, denn sie symbolisiert die Verschmelzung des unternehmerischen Eroberungsdranges aus dem Westen mit den Korruptionspraktiken aus dem Osten:

> Die Wirtschaft der DDR war zwar zusammengebrochen, aber das System der Macht, Gesinnungskorruption, parteigeleitete Menschenverachtung und Aushöhlung der staatlichen Institutionen, das der DDR-Staat kultiviert hatte, hatte die überlegenen Apparatschiks der Macht produziert und so selbst überlebt. Mafiös organisierte DDR-Kaputtheit regierte heute den Osten, wie früher auch. Fast zehn Jahre hatte Thewe hier gearbeitet, die Verhältnisse waren kaputt, aber sie funktionierten.[154]

Und dennoch ist Thewe mit seiner naiven, wenngleich schuldigen Bonhomie, mit seinem mutigen und desolaten Einzelgängertum immerhin ein Gegenbild zu Holtrops aggressivem Aktivismus. In der Erzählersprache gilt Thewe als ein unfreier Mensch, der doch nach Autonomie und Unabhängigkeit in seinem Beruf gestrebt hat, um sich von taktischen Bindungen und von den firmeninternen Seilschaften nicht beeinflussen zu lassen. Er hat jedenfalls die Firma niemals verraten, für die er sein ganzes Leben gearbeitet hat. Thewes Schicksal bezeugt im Roman den Untergang jedweder humanitären Einstellung und die Dominanz einer unsentimentalen Machtausübung, die auch vor dem notwendigen Respekt vor geleisteter Arbeit und Firmentreue nicht Halt macht:

> Thewe war machtlos, unwichtig, alt und ohne Rückhalt von weiter oben. Er hatte gern für Assperg gearbeitet, es aber abgelehnt, beim alten Assperg oder dessen Frau um Anerkennung dafür nachzusuchen. Es war ihm gegen die Ehre gegangen, sich an den erniedrigenden Untertanenritualen, die am Hof Assperg üblich waren, zu beteiligen. „Es muss doch auch ohne diese Schleimereien gehen", hatte Thewe gedacht, sich damit aber geirrt. Sein Hochmut war falsch gewesen. […] Man hatte ihn abgeschafft, so einfach war das, und der Irrsinn war, er war selber auch noch schuld daran. Er fühlte all das unklar, ganz richtig denken konnte er es nicht, dazu war er geistig zu lasch.[155]

Thewe selbst kann diesen ihn sehr treffenden Sachverhalt offenbar nicht klar genug aufgrund seiner geistigen Schwerfälligkeit begreifen, er braucht Hilfe vom auktorialen Erzähler. Immerhin ragt Thewes stolze und relativ freie Einsamkeit angesichts des korrupten Arbeitsklimas in den höheren Etagen der Firma heraus, während Holtrop im gesamten Roman durch eine grenzenlose und alles andere als begründete Arroganz glänzt. Thewes Fähigkeiten werden nicht mehr gefragt,

---

[154] Ebd., S. 62.
[155] Ebd., S. 106.

die Zeit braucht Schnelligkeit, Intuition und das Visionäre bzw. größtenteils die Angeberei. Holtrop und die Leute aus der schwungvollen und inzwischen von der Weltwirtschaft bestraften Welt der New Economy, die er in die Firma hineingeholt hat, passen bestens dazu. Der Erzähler erlaubt es Holtrop, dass er sich vor anderen als Wirtschaftskünstler verkauft, aber es zeigt sich mehrfach im Roman, dass diese Vorstellung nur das Produkt einer extrem individualisiert dargebotenen Intensität ist, Angeberstimmung eben. Und an manchen Stellen ist das Urteil hierzu in der Erzählersprache vernichtend: Holtrop „hatte Sehnsucht nach Tiefgang, genau weil er selbst keinen Zugang dazu hatte, und sehnte sich nach großen Fragen, die sich ihm nicht stellten."[156] Keine Künstlerschaft, sondern bloß Menschenfängertum ist Holtrops Geschäft, er kann nur diejenigen anstrahlen, die angestrahlt werden wollen. Und dennoch steht er da als Musterbeispiel für eine ganze Epoche und für eine gewisse Spezies von Unternehmern, die der redseligen Menschenfänger eben, die an die eigenen Lügen glauben.

Als externer Beobachter zieht der Romanerzähler regelrecht zu Felde gegen die Welt von Egomanen, Falschmünzern, Heuchlern und Machtbesessenen, die er selber auf die Bühne des von ihm evozierten Geschehens bringt. Der Typus, der ihm besonders zuwider ist, ist der junge Wilde, der rücksichtslos und schnell an die Macht will, brutal und verlockend, „unsympathisch, angeberhaft, grobianisch" und vor allem „mega-autoritär", etwa wie Kanzler Gerhard Schröder und sein Minister Joschka Fischer, die im Roman namentlich genannt und als Ikonen des neuen Zeitgeistes angeführt werden, in dem die ehemaligen jungen Rebellen gegen den autoritären Charakter selber zu selbstgefälligen Autoritäten geworden sind, die keine Einschränkungen mögen: „der Basta-Kanzler-Stil regierte, selbstgefällig dröhnend, die Politik, die Wirtschaft, die Chefs."[157] Neben Holtrop steht im Roman für diesen Typus Peter Hombach Pate, Vorstandschef bei der Deutschen Bank, auch er ehemaliger Achtundsechziger, exzessiv von sich selbst eingenommen, ein innerlich enthemmter „Ichidiot"[158]. Im Hinblick auf die Gewichtsverteilung der Erzählsubstanz bleibt Holtrop jedenfalls die zentrale Gestalt, neben und unter ihm von oben nach unten bewegt sich und gedeiht innerhalb des Assperger Konzerns eine bunte Vielfalt von Menschentypen, die gesellschaftssatirisch angeprangert werden:

> Alles Männer in ihren mittleren und späten Vierzigern, Brecher, Macher, schwach talentierte Manager der oberen Ebene im Zenit ihrer Karriere, die sich schon vor Jahren von äußersten, illusorischen Ambitionen verabschieden hatten müssen, einen Sitz im Vorstand etwa zu erreichen, und sich statt dessen den angeblich schöneren Dingen des Lebens zugewendet hatten, dem Essen, dem Reisen, dem Sport,

---

[156] Ebd., S. 126.
[157] Ebd., S. 154.
[158] Ebd.

natürlich auch der Sexualität, dem Körper also und der dabei insgesamt lustvoll und planmäßig betriebenen Vergröberung ihrer Existenz.[159]

Ganz oben rangiert selbstverständlich der Firmeninhaber, der leicht verblödete und subalterne Berthold Assperg, der in seinem Leben schon eine allzu lange Erfahrung im Misshandeln seiner Untergebenen gesammelt hat und selbst nun den bitteren Geschmack des Misshandeltwerdens auskosten muss. Er wird von der mächtigen Domina Kate, einer großen Bewunderin von Gerhard Schröder, schroff und brutal in die Schranken gewiesen; sie ist es, die aus der Höhe der Konzern-Stiftung als graue Eminenz über Leben und Verderben der Asspergianer schaltet und waltet, „hell und herrscherlich", „böse und freiwillig dumm", mit einer durch das langzeitige Exerzitium der Machtausübung leergefegten „Seele".[160] An ihrem Hof, als befände man sich in einem Duodez-Fürstentum des achtzehnten Jahrhunderts, brilliert der Höfling Wenningrode, der listige Schleimer, Dienstvorstand und Nachfolger von Holtrop nach dessen Absturz, in jeder Hinsicht ein hässlicher Mensch. Weiter unten herrscht, jeder in seinem Kleinrevier, eine Reihe von Gestalten, die im Roman verschiedene Varianten des eingebildeten und hassenden Chefs, des pedantischen Büro-Menschen oder des wedelnden Mitläufers verkörpern und die vom Erzähler wegen ihrer Persönlichkeit bissig-scharf porträtiert werden. Wichtigtuerei oder auch das permanente Verdächtigen anderer Kollegen scheint ihr liebster Sport zu sein, der Austausch in beruflichen Fragen erfolgt immer vor dem Hintergrund eines unterschwelligen Misstrauens oder einer schlauen Anbiederung; selbst die alltägliche Ausübung der Sozialität mit ihrer Last von gelegentlichen *small talks* und Banalitäten erfolgt in der Firma unter ständig im Verborgenen laborierenden Hintergedanken. Auch diesbezüglich fällt das Urteil des Erzählers vernichtend aus:

> All das war Arbeit am Hass, Vergesellschaftung der Niedertracht, Entsorgung der gegenseitigen Verachtung, die jeder für jeden in sich hatte, direkt in den anderen hinein, Verkippung, Verklappung und zwischendurch Ausatmen: foetor ex ore, stinkender Mundgeruch weitergegeben im Reden, von Chef zu Chef.[161]

Der Romanerzähler registriert immer wieder aus einer aburteilenden Grundeinstellung heraus das Verhalten dieser Menschentypen und will von keinen Gegenmodellen wissen. Das Zwischenmenschliche in der Firma bleibt in jedem Bezug eine Frage des Schizoiden, des Sadismus oder bestenfalls des Versäumten und des Futilen. Nicht zufällig bildet sich das einzige Gegenmodell im Roman außerhalb des Assperg-Konzerns, wenn man von Thewe absieht, der sowieso nicht als ein Gegenmodell eingestuft werden kann. Es geht um Holtrops Ehefrau

---

[159] Ebd., S. 183.
[160] Vgl. S. 184.
[161] Ebd., S. 235.

Pia, deren Persönlichkeit erst auf den letzten Romanseiten, in Parallele zum Abstieg ihres Gatten, plötzlich an Bedeutung gewinnt. Nachdem Pia zwölf Jahre lang ein Leben als Ehefrau und Mutter geführt hat, bricht sie endlich mit dem reaktionären familiären Schema, dem sie sich schweigend und für eine zu lange Zeit unterworfen hat. Sie nimmt ihr abgebrochenes Studium der Vergleichenden Literaturwissenschaft wieder auf, schreibt die schon vor ihrer Heirat geplante Magisterarbeit über Balzac und beginnt an der Volkshochschule zu unterrichten. Diese Entscheidung unterscheidet ihren Lebenslauf von dem der anderen Managergattinnen, die „den Weg in die Yogapraxis gingen, durch die sie gegen den altersbedingten Rückzug des Körpers aus dem Körper den Körper wieder in sich hineinzuüben versuchten".[162] Im Gegensatz dazu widmet sich Pia dem Lehren und das Lehren verändert sie, indem es in ihr die Fähigkeit zum Unterscheiden und die Stabilität des Selbst verbessert. So kann sie äußerlich ihr Leben weiterführen, innerlich wird sie jedoch zu einem völlig unabhängigen Menschen. Die Folge davon ist, dass Pia Holtrop ihren Mann sehr viel skeptischer und kritischer sieht als vorher und sich von seiner Begeisterung nicht mehr anstecken lässt. Die Entfremdung führt dann zur Trennung, da Pia inzwischen einen anderen Mann hat. Die Kraft zur Selbstbefreiung und zur Gestaltung einer reiferen und autonomen Persönlichkeit hat im Roman also zumindest sie bewiesen.

---

[162] Ebd., S. 297.

Schlusswort

Radikale Fremdheit ist ein psychischer und geistiger Existenzmodus der Kontingenz-Epoche, der jenseits der Alterität zu verorten ist. Der Bezug auf Kontingenz weist auf die Wechselspannung zwischen Instabilität und Variabilität aller Existenzbedingungen auf der einen Seite und dem identitären Impuls nach dem Außerordentlichen der Individualität auf der anderen Seite. Radikale Fremdheit bedeutet, dass der Zustand relativer Fremdheit bereits überschritten wurde und dass man sich mit dem neuen Status einer irreversiblen und irreduziblen Andersheit restlos identifiziert. Sie ist innere Rebellion gegen konformistische Anforderungen der Kompromiss-Kultur, gegen redselige, heuchlerische, von Interessen gelenkte Versöhnungskultur, gegen Mitläufertum und Mitmachertum aller Arten; sie ist Auflehnung gegen Rollenidentität, gegen Vorhersehbarkeit der subjektiven Reaktionskapazität; sie ist nicht zu neutralisierendes Hyperphänomen, nicht zu heilende Entzweiung mit der Lebenswelt und der in ihr herrschenden Kampfhaltung, nicht vernarben wollende psychische und geistige Wunde; sie entspricht der Reaktion der Subjektivität auf die verschlechterten Lebensbedingungen des nach Selbstbezüglichkeit suchenden Individuums, das überall eine offene oder schleichende Bedrohung wahrzunehmen glaubt. Der radikal Fremde kapselt sich ab und rüstet auf. Damit macht er seine Auflehnung noch kompromissloser; oder aber teilt er doch die Rituale der sozialen Welt, aber aus einer Position der inneren Distanzhaltung heraus, ohne sich jeweils vor bitteren Enttäuschungen schützen zu können? In beiden Fällen herrscht in ihm die Faustregel: sich nicht besudeln, sich nicht übermannen, sich in keine Kompromisse zwingen lassen. Das Epos des Einzelkämpfers inhäriert diesem Musterbild von Renitenz, da der radikal Fremde nicht wie der Gleichgültige der Moderne in einer Haltung ruhigen, kalten Desinteresses, in einer Stimmung indifferenter Teilnahmslosigkeit verharrt, sondern seinen Protest auch laut und energisch zum Ausdruck bringt. Es ist wohl immer möglich, sich in der permanenten Variabilität, in der alltäglichen Bereitschaft zum Sich-Abschalten sehr komfortabel einzurichten, oder eben auch nicht, wenn man keinen Halt in der eigenen Heimat, im familiären Umfeld, in der unübersichtlichen Gesellschaft der Feindseligen, Hassenden und Verachtenden finden kann, wenn keine Möglichkeit der Selbstidentifikation mit öffentlich anerkannten und uneingeschränkt nachvollziehbaren Wertmaßstäben gegeben ist. Je stärker und unerträglicher die Ursachen der radikalen Fremdheit wahrgenommen werden, wenn also Aneinandervorbeireden, Kapitulation der Sprache als Versöhnungsmittel, pathologische Selbstabkapselung der Lädierten, allgemeine Kampfhaltung, Aggressivität, Bellizismus, Kalter Krieg usw. als unüberwindlich erlebt werden, desto dringender und verbreiteter wird das Bedürfnis des davon betroffenen Menschen nach kompensatorischen Entlastungen oder nach Ersatz-leistungen. Letzteres ist verständlich und kann sogar zu einer neuen Form von Leichtlebigkeit, wenn nicht gar von Heiterkeit führen, indem man weise und resigniert auf Endziele und absolute Wertsetzungen verzichtet und den Status quo einer Gesellschaft ohne Liberalität, eines individuellen Lebens ohne Rückhalt-Möglichkeiten und machtfreie Erfahrungsbereiche akzeptiert. Der radikal Fremde jedoch kündigt dann seine Teilnehmerschaft auf, verabsolutiert sich und in einem Zustand des In-sich-gekehrt-Seins pflegt er seinen Wahrheitsfanatis-mus, seinen Drang nach mehr Erkenntnis, nach mehr Gerechtigkeit, nach mehr Ehrlichkeit und Menschlichkeit. Zugleich wächst in ihm allerdings ein pathologi-scher Grundzug, ein Hass auf Borniertheit und Mittelmäßigkeit sowie auch auf aufdringliche, eroberungslüsterne Selbstaufblähung; zugleich verfinstert sich in ihm die Gewissheit seiner Abgegrenztheit. Radikale Fremdheit ist ein Mehrwert der unhintergehbaren Individualität und die Antagonistin des postmodernen Selbst, sie bestätigt die Präsenz und das Wertvolle der unhintergehbaren Indivi-dualität, parallel dazu signalisiert sie jedoch die Gefahr einer Verabsolutierung des Rückbezugs auf sich selbst, einer Proliferation der egomanischen, egoisti-schen Tendenz. Das Schwanken zwischen deprimierter Regression und an-griffslustigem Revanchismus ist ein Attribut radikaler Entfremdung, da die Su-che nach seelischem Äquilibrium keine charakterliche Konstante des radikal Ent-fremdeten sein kann. Die Auseinandersetzung mit der Kontingenz-Epoche er-folgt aus einer Position des Misstrauens gegenüber jeder Form von Bequemlich-keit und Mitmachertum. Der radikal Fremde ist geradezu das Gegenteil des Mit-läufers und Mitmachers, er orientiert seine Ansprüche sehr nach oben und tole-riert keine Bevormundung; er ist in einer ihm sehr eigentümlichen Form ein stil-ler Wanderer am Rande des Vulkans und ein mutiger Mensch, der sich sein geis-tiges Netz im Leeren zu bauen versucht.

Vergleicht man dieses Profil mit den jeweiligen Ausformungen in den litera-rischen Texten, die im vorliegenden Buch als Zeugen angeführt wurden, entste-hen mit Sicherheit Zweifel u.a. auch an der Möglichkeit, ein so heterogenes Ge-bilde als einheitlich zu präsentieren. Es gibt tatsächlich weder Einheitlichkeit noch Homogenität. Die hier besonders stofflich interpretierten Texte sind, jeder für sich, eher Symptome, widerspenstige Bestätigungen des Gesamtbildes des radikal Fremden, das in diesem Buch skizziert wurde. Es wäre vermessen, in ih-nen perfekte Illustrationen wiedererkennen zu wollen. Doch sie bieten, wie be-reits im Anfangskapitel angekündigt wurde, sehr gute Beispiele für die verschie-denen Dimensionen der radikal fremden Persönlichkeit. Thomas Bernhards *Kalkwerk* illustriert allegorisch und anhand einer Groteske die krankhafte Potenz radikaler Selbstentfremdung und bietet eine Illustration des Pathologischen, das in der Attitüde der genialen Selbstabkapselung und des Hasses auf Sozialisation und Mittelmäßigkeit enthalten ist. In Jean Amérys *Lefeu oder Der Abbruch* wird radikale Fremdheit auf der Basis einer autobiografischen Konstellation als Le-benssituation eines unzeitgemäßen und marginalisierten Künstlers bzw. Malers

94

dargestellt, der sich mit den gängigen künstlerischen Produktionsmustern der Massenkultur nicht identifizieren kann und an seinem frei gewählten, individuellen Kunstverständnis festhält, das im Namen eines postexpressionistischen Farbenrealismus gegen Dekoration und Funktionalismus ausgerichtet ist. Lefeu lebt ganz auf sich allein gestellt in seiner geistigen Welt von Reminiszenzen und gründet seine Identität auf die Erfahrung der Shoah, die ein für allemal sein Einsamkeitsgefühl geprägt hat. Joseph Zoderer fokussiert in *Die Walsche* einen exemplarischen Fall von doppelter Ausgrenzung eines Menschen vor dem Hintergrund des (wohl hoffentlich ganz vergangenen) Antiitalianismus in Südtirol. Die Protagonistin des Romans wird von den Gegebenheiten gezwungen, sich in der ethnisch und kulturell entzweiten Welt Südtirols als fremd wahrzunehmen. Sie fühlt sich nicht zu Hause – sowohl bei ihren italienischen Freunden, bei denen sie ihr Fremdsein trotz ihrer Gastlichkeit und Freundlichkeit zu spüren bekommt, als auch und vor allem bei ihren Landsleuten, die sie für Ihren „Verrat" verachten und ausgrenzen. In Friedrich Dürrenmatts *Der Winterkrieg in Tibet* ist eine mächtige Allegorie des Bellizismus enthalten, die durch kosmologische Spekulationen den Kollaps der internationalen Gemeinschaft in einem fiktiv postatomaren Zeitalter zu ergründen versucht. Der Winterkrieg ist ein schmutziger Krieg unter Glaubenskämpfern, die in ihrer Selbstverblendung an die Existenz eines „Feindes" glauben wollen oder müssen, weil sie es nötig haben oder weil sie von ihren Befehlshabern dazu gezwungen wurden. Im Roman sticht die Figur eines wie ein Cyborg aussehenden, komplett isolierten Einzelgängers hervor, der verbissen weiterkämpfen will, weil er überall die Existenz eines „Feindes" wittert, den es nicht mehr gibt oder vielleicht nie wirklich gegeben hat. Gerhard Roths *Der See* stellt uns auch einen lädierten Einzelgänger vor, der zuallererst gegen seine Apathie zu kämpfen hat, um die Gefahren zu entschärfen, die ihn in wachsendem Maße bedrohen. Zentral in Roths Roman ist das Thema der Ausgesetztheit, und zwar in einer Welt, die von der Individualität ein Höchstmaß an Selbstbewährung fordert, um nicht kläglich unterzugehen. Krachts *Faserland* und Goetz' *Johann Holtrop* bringen eine generalisierte Protesthaltung hervor, deren Vertreter den Raum der Intersubjektivität nicht betreten wollen und die Möglichkeit eines großzügigen Entgegenkommens von vornherein ausschließen. Relative Fremdheit schlägt in radikale Fremdheit um, für die es nur eine Vielheit von Subjektivitäten gibt, die von keiner transsubjektiven Instanz zusammengehalten werden. Eine grundsätzliche Feindseligkeit prägt hier die Einstellung zur Lebenswelt und zum sozialen Alltag. Die Schwelle, die in der relativen Fremdheit überquert werden kann, wird hier zu einer festen Grenze, zu einem Entweder-oder, da keine laue Neutralität erlaubt ist. Immanuel Kant hatte in seiner *Anthropologie in pragmatischer Hinsicht* Ehrsucht, Herrschsucht und Habsucht als die größten kulturellen Leidenschaften bestimmt. Im vorliegenden Buch wurde noch eine hinzugefügt: die *Fremdsucht*. Ihre Virulenz wird zusehends bemerkbar, der Wunsch nach immer mehr Selbstbezüglichkeit, Selbstabschottung, Hass und Verachtung ist deren negative Seite, ihr pathologischer Aussatz.

Es gibt jedoch auch eine positive Seite, die von vielen bestritten werden wird, und das ist die Aufrechterhaltung der Individualität mit den extremsten Mitteln gegenüber dem sich breitmachenden postmodernen Selbst, das alles, besonders eben die laue Neutralität, gerne gelten lässt, weil es in der Kontingenz nur das schillernd Ephemere erkennen will.

Literaturverzeichnis

Jean Améry: *Lefeu oder Der Abbruch*. Stuttgart: Klett-Cotta, 1974.

Jean Améry: *Die Neuen Mönche. Bildnisse (un)berühmter Zeitgenossen. Unbekannter Maler E.S.* In: Claudia Widder, Roland Widder (Hgg.): *Erich Schmid, Wien 1908 – Paris 1984.* Wien: Bibliothek der Provinz, 2002, S. 31-36.

Thomas Bernhard: *Das Kalkwerk.* Frankfurt a.M.: Suhrkamp, 1970.

Friedrich Dürrenmatt: *Werkausgabe in dreißig Bänden.* Zürich: Diogenes, 1980.

Friedrich Dürrenmatt: *Labyrinth. Stoffe I-III. Der Winterkrieg in Tibet. Mondfinsternis. Der Rebell.* Zürich: Diogenes, 1981.

Manfred Frank, *Die Unhintergehbarkeit von Individualität.* Frankfurt a.M.: Suhrkamp, 1986.

Nicole Gast: *Erwachsenwerden im deutschen Pop-Roman: Der Reifeprozess der Protagonisten in* Faserland, Soloalbum & Co. Hamburg: disserta Verlag, 2014.

Renate Giacomuzzi-Putz: *Verdrängte Geschichte in seichten Gewässern*, in: Jürgen Hosemann (Hg.): *Die Zeit, das Schweigen und die Toten. Materialien zu Gerhard Roths* Die Archive des Schweigens *und* Orkus. Frankfurt a.M.: Fischer, 2011, S. 170-187.

Rainald Goetz: *Johann Holtrop. Abriss der Gesellschaft. Roman.* Berlin: Suhrkamp, 2012.

Irene Heidelberger-Leonard/Mireille Tabah (Hgg.): *Zwischen Aneignung und Restitution. Die Beschreibung des Unglücks von W.G. Sebald. Versuch einer Annäherung.* In: Irene Heidelberger-Leonard (Hg.): *W.G. Sebald. Intertextualität und Topografie.* Berlin: LIT, 2008, S. 9-23.

Ivonn Kappel: *„In fremden Spiegeln sehen wir das eigene Bild". Jean Amérys* Lefeu oder Der Abbruch. Würzburg: Königshausen & Neumann, 2009.

97

Sieglinde Klettenhammer: *Topografie des Fremden. Zu Joseph Zoderers Romanen* Die Walsche, Lontano, Das Schildkrötenfest *und* Der Schmerz der Gewöhnung. In: Günther A. Höfler/Sigurd Paul Schleichl (Hgg.): *Joseph Zoderer*. Graz-Wien: Droschl, 2010.

Christian Kracht: *Faserland. Roman*. München: Deutscher Taschenbuch Verlag, 1995.

Bernhard Arnold Kruse: *Wider den Nationalismus – oder von den Schwierigkeiten eines interkulturellen Lebens. Zu den Südtirolromanen von Joseph Zoderer*. Bielefeld: Aisthesis, 2012.

Latini Micaela: *Die Korrektur des Lebens. Studien zu Thomas Bernhard*. Würzburg: Königshausen & Neumann, 2017.

Primo Levi: *Opere*, I. Torino: Einaudi, 1987.

Heinrich Lindenmayr: *Totalität und Beschränkung. Eine Untersuchung zu Thomas Bernhards Roman „Das Kalkwerk"*. Königstein/Ts: Forum Academicum in der Verlagsgruppe Athenäum, Hain, Scriptor, Hanstein, 1982.

Gerhard Roth: *Der See. Roman*. Frankfurt a.M.: Fischer, 1995.

Julia Catherine Sander: *Zuschauer des Lebens. Subjektivitätsentwürfe in der deutschsprachigen Gegenwartsliteratur*. Bielefeld: transcript, 2015.

Monika Schmitz-Emans: *Im Labyrinth der Bilder und Texte*, in: Jürgen Söring/Annette Mingels (Hgg.): *Dürrenmatt im Zentrum. 7. Internationales Neuenburger Kolloquium 2000*. Frankfurt a.M.: Lang, 2004, S. 11-44.

W.G. Sebald: *Jean Améry und Primo Levi*. In: Irene Heidelberger-Leonard (Hg.): *Über Jean Améry*. Heidelberg: Winter, 1990, S. 115-123.

Eugenio Spedicato: *Per un ritratto di Jean Améry*. In: *Lingua e Letteratura*, 16 (1991), S. 78-114.

Jürgen Straub: „Personale Identität und Autonomie. Eine moderne Subjekttheorie und das ‚Postmoderne Selbst'". In: Klaus-Peter Köpping/Michael Welker/Reiner Wiehl (Hgg.): *Die autonome Person – eine europäische Erfindung?*. München: Fink, 2002, S. 255-272.

Bernhard Waldenfels: *Topografie des Fremden. Studien zur Phänomenologie des Fremden I*. Frankfurt a.M.: Suhrkamp, 1997.

Bernhard Waldenfels: *Grundmotive einer Phänomenologie des Fremden*. Frankfurt a.M.: Suhrkamp, 2006.

Sylvia Weiler: *„[D]as Problem der Zukunft [...] als offene Wunde des Geistes".* *Die Ästhetik als Phänomenologie der Erinnerungs in Jean Amérys Roman-Essay „Lefeu oder der [sic] Abbruch".* In: Irene Heidelberger-Leonard/Irmela von der Lühe (Hgg.): *Seiner Zeit voraus. Jean Améry – ein Klassiker der Zukunft?* Göttingen: Wallstein 2009, S. 75-90.

Markus Zisselberger: *Aufbrechen/Abbrechen: Toward an Aesthetic of Resistance in Jean Amérys Novel-Essay* Lefeu oder Der Abbruch. In: Magdalena Zolkos (ed. by): *On Jean Améry. Philosophy of Catastrophe.* Lanham: Lexington Books, 2011, S. 151-192.

Joseph Zoderer: *Die Walsche. Roman.* Mit Materialien aus dem Vorlass des Autors sowie Beiträgen von Sigurd Paul Schleichl und Irene Zanol. Innsbruck-Wien: Haymon, 2016.